현대 사회의 그리스도교 신앙

– 정의, 가난과 부유, 경제와 도덕 –

발터 케르버 외 지음, 박종대 옮김

본 역서는 가톨릭대학교 강 엘리사벳 학술연구기금의 연구비 지원에 의해 작성되었음.

서강대학교 출판부

현대 사회의 그리스도교 신앙

–정의, 가난과 부유, 경제와 도덕–

초판 발행 | 2013년 2월 28일

저　자 | 발터 케르버 외
옮긴이 | 박종대
발행인 | 이종욱
편집인 | 우찬제
발행처 | 서강대학교 출판부
주소 | 서울특별시 마포구 백범로 35번지
등록 | 1978년 9월 28일(제313-2002-170호)
전화 | (02) 705-8212
팩스 | (02) 705-8612
홈페이지 | www.sogang.ac.kr/~sgpress
디자인 디렉션 | Project 409

정가 14,000원
ISBN 978-89-7273-218-1　93230

– Christlicher Glaube in moderner Gesellschaft, Teilbantd 17, ⓒ 1988[2]
Verlag Herder GmbH, Freiburg im Braisgau.
– 이 책은 독일 헤르더 출판사와 서강대학교 출판부와의 계약에 의거해, 헤르더 출판사에서
간행한 『백과전서』 전 30권 중 제17권을 번역한 것이다.

현대 사회의 그리스도교 신앙

정의

발터 케르버(Walter Kerber)
클라우스 베스터만(Claus Westermann)
베른하르트 슈페얼라인(Bernhard Spörlein)

가난과 부유

발터 케르버(Walter Kerber)
알퐁스 다이슬러(Alfons Deissler)
페터 휘들러(Peter Fiedler)

경제와 도덕

에밀 큉(Emil Küng)

차 례

정의

가난과 부유

경제와 도덕

정 의

발터 케르버(Walter Kerber)
클라우스 베스터만(Claus Westermann)
베른하르트 슈페얼라인(Bernhard Spörlein)

I. 정의 개념의 다양한 의미

1. 정치적, 사회적 생활의 중심 개념인 정의

'정의'는 오늘날의 토론에서 가장 많이 사용하는 유행어 중 하나이다. 안전에 관하여나, 해방, 전체 계급이나 민족들의 가난의 극복, 공동결정이나 재산 형성, 여성의 평등한 지위나 연금 요구권의 보장이나, 개발도상국에 대한 원조나 새로운 경제 질서의 제정 여부에 관하여 말할 때는 다소간에 특히 '정의'와 관련짓기 마련이다. 정의가 지배하는 세계는 금세기의 커다란 꿈의 목표이다.

그런 '정의'가 구체적이고 개별적인 어떤 것으로 이해되어야 하는가에 대해서는 의견이 분분하다. 자체 목표를 정의의 이름으로 언급하지 않은 어떤 정당도 당장 정당화되지 않을 어떤 요구를 결코 가지지 않는다. 모든 사회 집단은 여전히 상반되는 자기들의 이익 관심을 정의롭다고 표현하는 방법을 안다. '정의'는 단순한 유행어가 되어 버린 셈이다.

우리는 이렇게 공허한 의미가 된 원인을 단어의 오용에서만 찾아서는 안 된다. 개념 자체는 구체적 적용뿐만 아니라 이미 일반적인 해석에서도 다양한 의미를 갖는다. 이 개념이 인간 행위의 특징인 정신적 도덕적인 가치태도(덕)나 사회의 정치적 상황을 지칭해야 하는지 어떤지 하는 나열에서조차도 그렇다. 이러한 불명료함은, 예를 들면 독일에서 있었던 이른바 '기본가치토론'(역주: 1970년대 사회민주당과 자유민주당의 연정 당시 서독 사회와 의회에서 있었던 기본가치에 대한 논쟁. 특히 낙태금지법인 독일 기본법 218조의 수정을 둘러싸고 격렬한 의견 대립이 있었음)의 참가자들이 정의를 전혀 상이한 것으로 정의(定義)하려 했을 때 서로 말이 통하지 않도록 만들었다.(Gorschenek 참조)

그러므로 많은 사람들이 자주 이 개념을 대체로 각자의 이익 관심을 정당화하는 데 기여해야 하는, 제시 가능한 내용이 없는 공허한 말꼬투리로서만 간주하는 것은 놀랄 만한 것이 아니다. 그래서 '정의'에 관하여 말하는 모든 사람은 처음부터 이데올로기의 의심을 받는다. 다른 한편으로 정의 개념은 정치 문제에 대한 모든 논증적 논쟁에 필수 불가결한 것이다. 이 개념 없이는 사회적 공동생활이 전적으로 강자의 권력의 손아귀에 들어갈 것이다.

2. 계시의 중심 개념인 정의

이러한 혼란에 직면하여 그리스도인은 정의가 본래 무엇으로 이해되어야 할 것인지를 하느님이 말하게 하기 위하여 하느님의 계시 안에서 정향을 찾는다. 실제로 구약성경과 신약성경에 기초를 두고 있는 그리스도교 신앙과 이것을 연구하는 교의신학에서도 '정의'는 중심 개념인데, 물론 오늘날의 토론과는 아주 다른 의미내용을 지니고 있다. 이 말은 처음 보아서는 혼란된 방식으로 거의 '신성', '구원', '은총', '평화', '해방', '구제'와 같은 의미를 지니며, 특정한 의미로 생각할 경우에는 신앙인이 하느님에게 기대하는 모든 것을 포괄하는 의미를 갖는다. 하느님이 그의 백성의 구원을 가져오는 한,(계약에 대한 충실함인 정의) 정의는 탁월한 의미에서 입법자일 뿐 아니라 특히 역사의 주관자인 하느님 자신에게 덧붙여 기술된다. 인간의 관점에서 볼 때 정의는 성경적 언어사용에서는 아주 일반적으로 공동체를 가능하게 하고 보존하는 한, 하느님과 인간에 대한 올바른 태도를 의미한다. 정의는 '계약법'에 상응하는 행위에서 하느님의 계시에 대한 신앙인의 대답으로서 나타난다. 이 정의는 이미 구약성경에서(바오로가 최초는 아니다) 개인의 덕에 의한 행실로서가 아니라, 이스라엘 백성 전체에 혹은 개인들에게 부여된 선물, 즉 각자가 옳은 행동을 할 수 있는 능력이라고 이해된다. 신약성경에서 바오로의 '정의' 개념은 심화된 고유한 의미를 갖는다.(Ⅱ－Ⅳ 참조)

3. 도덕철학과 법철학의 중심 개념인 정의

교회의 학문 전통, 특히 윤리신학에도 도입된 정의의 셋째 개념은 그리스－로마의 철학에서 유래한다. 이 개념은 선행하는 두 개의 개념에서 유래하는 요소들을 갖고 있다. '정의'는 개별적인 덕으로서, 즉 '각자에게 각자의 것을 주어야 할 확고하고 지속적인 의지'라고 파악된다. 이로써 정의는 어떤 사람이 엄격한 요구를 타당하게 만들 수 있는 법(Recht)과 관계가 있다. 따라서 법과 정의는 서로 관계가 있는 개념이다. '법'은 단순히 유효한 실정법의 총체로서 이해되지 않고, 실정법이 정의의 실현에 봉사하는 만큼 도덕적인 의무의 힘이 그것에 귀속된다. 그러므로 정의는, 평등의 규준에 따라 각자에게 돌아가야 할 바를 각자에게 줄 준비상태를 뜻한다. 그런데 평등은 어떻게 좀 더 자세히 규정되어야 할 것인가? 얼핏 보기에 명백한 정의의 개념은 어떤 전제를 갖는가?

4. 새롭게 숙고해야 할 개념인 정의

이 글에서는 여러 다른 시대와 삶의 연관 및 언어 사용이 이 말과 연결된 여러 의미내용을 서로 비교하고 대조하는 것을 중시하지 않는다. 모든 상이점에도 불구하고 같은 말의 사용을 의미 충만하고 정당하게 보이도록 하는 공통점이 있지 않으면 안 된다.

이 밖에 여기에서는, 이 『백과전서』의 목표설정에 상응하여 원래 신학적 작업에서 구약과 신약성경의 '정의' 개념으로써 표현되는 규범적인 교훈이 우리들의 현재의 정의 문제를 위하여 열매를 맺도록 한다. 그리스도인에게 하느님의 계시는 결국 방향을 제시하는 그의 신앙과 행위의 규범이다. 그는 인간과 함께하는 하느님의 계획에 상응하는 '정의'의 올바른 이해를 얻기 위하여 계시에 방향을 맞추어야 한다.

그런데 그와 같은 번역 작업은 쉽게 근본주의적인 오해에 부딪친다. 다시 말하면 이 개념 안에서 무엇이 원래 구속력 있는 계시의 내용이며 오직 역사적으로 그 당시의 언어와 관계있는 옷을 입었는가 하는 것이 구별되어야 한다. 하느님의 계시를 받아들인 이스라엘 민족 안에서 정의 개념이 특정한 방식으로 이해되었다면, 이 개념은 그 때문에 우리에게 아직 구속력이 있을 필요가 없다. 역사적이고 문화적인 큰 간격은 단순히 뛰어넘을 수 없다. 우리가 곧장 초기의 그리고 비교적 차별화되지 않은 문화 단계에 전형적인 요소들을 그리스도교적 정의론에서 포기할 수 없고 중요한 내용으로 공표한다면, 그것은 불운한 일일 것이다. 그러므로 성경적인 진술과 개념들을 우리 시대의 사유세계와 표상세계 안으로 직접 받아들일 길은 막혀 버린다.

어쨌든 '정의'는 사회생활에서, 신앙의 이해에서 그리고 윤리 이론에서 아주 중요한 역할을 하므로, 엄격한 방식으로 그런 종류의 번역 작업을 시도하는 것은 성경적 계시를 시대에 적합한 신앙의 선포로 자리 매김하는 과제와 난관을 드러내 보일 수 있다. 이 경우에 '시대정신'에 함몰하고 편파적으로 그리스도교적 계시 내용의 특정한 관점만을 주목하도록 하며, 다른 관점들, 아마도 더 중요한 관점들을 배제하거나 소홀히 할 위험성이, 이를테면 어떤 '이단적인' 편파성과 축소의 위험성이 늘 있게 마련인데, 이것은 근본적이며 전적으로 피할 수 없는 것이다. 최소한 지난 시대의 형식적인 신앙진술을 구두로 되풀이함으로써 피 할 수는 있다. 이 경우에 우리는 지난 시대의 '시대정신'에 묶여 있을 수 있을 뿐만 아니라 계시의 내용 자체는 – 번역되지 않았기 때문에 – 이해되지 않은 채 본래적인 신앙생활을 위해서는 성과 없는 것이 되어 버렸다.

다음에는 먼저 '정의'가 구약과 신약성경의 언어에서 어떻게 이해되는지, 성경 주석학적인 입문이 제시되어야 한다.

발터 케르버

Ⅱ. 구약성경의 정의

우리가 신약성경의 정의(dikaiosyne)의 용법을 거슬러 올라가 구약의 정의 개념에 대해 묻는다면 히브리어 개념인 צדק(ṣaedaeq, *Koch*를 참조할 것) 와 משפט(mišpāt, *Liedke*를 참조할 것)이 그리스어인 디카이오쉬네와 전적으로 일치하지 않는다는 것이 확인된다. 또 그밖에 구약성경의 '정의'는 어느 곳에서도 로마서 1장 17절에 상응하지 않는 동떨어진 의미만을 지니고 있다. 상응하는 것은 구약과 신약의 구원(soteria) 개념이며 또 로마서 1장 16절의 이 개념은 1장 17절의 정의 개념에 앞서 배열된 것이지 '정의'의 용법에 상응하는 것은 아니다.

구약에서 정의로운 상태 혹은 정의는 인간과 하느님에 의하여 언급될 수 있는 것이다. 여기저기에서 '의로움'과 '정의'에 관하여 언급하는 것은 인간적 공동체 생활의 과정의 일부인 재판의 과정에 확고하게 뿌리를 내리고 있다. 법의 개념을 이러한 과정에 연결하는 것은 세속적 영역에서는 원시문화로부터 현대에 이르기까지 결코 변하지 않았으며, 이것은 인간과 하느님의 정의에 관한 구약의 언급에도 마찬가지로 타당하다.

1. 인간의 정의

여기에서는 전기 단계를 후기 단계와 구별해야 한다. 전기 단계에서 소송 문제의 법적 심리는 전제된 것이다. 이 심리에서 어떤 이는 옳고 다른 이는 옳지 않다는 결정이 내려진다. 어떤 이는 무죄로 선고되어 정의(ṣaddīq) 안에 있고, 다른 이는 유죄 선고를 받아 불의(rāšā') 안에 있다. 여기에서 '정의'는 다음의 의미를 갖는다. 그것은 어떤 특정한, 제한된 상황에서 법에 존재한다. 의롭다는 선언은 이 개별적인 경우에 국한되어 있다. 같은 사람이 다른 경우에 결과적으로 정의롭지 않을 수 있다. 그는 정의롭다는 일회적인 선언을 통하여 상태(Status)라는 의미에서 의인으로 되지는 않는다. 어떤 사람이 한때는 정의롭게 되고 다른 때에는 정의롭지 않게 되었다는 것은 정상적인 것으로 간주되었다. 우리가 어떤 사람에 대하여 품행이 바르다고(tām) 말할 수 있다고 해서 그가 모범적으로 정의로운 자는 아니다.

차츰 "의인"(경건한 자)과 "악인"(무신론자) 사이의 구별이 생긴 것은 공동체에서 일어나는 위기의 징표였다. '의인'(ṣaddīq)이 하나의 상태로 되었고 마찬가지로 반대 유형인 무신론자(rāšā')로 된 언어의 관용이 천천히 나타났다. 한 사람은 긍정적으로만, 다른 사람은 부정적으로만 특성이 주어진 인간의 유형이다. 그래서 의인(경건한 자)과 악인(무신론자)이라는 대비가 생겼는데, 이것은 이 대비를 대상으로 삼는 수많은 시편과 수많은 잠언에서 나타난다. 이러한 대비는 위기의 징표였다. 그 이유는 이 대비가 아주 틀에 박혀 현실에 적합하지 않았기 때문이다. 이로써 상태를 지칭하는 '의롭다'는 말의 특성도 문젯거리가 되었다. 동시에 구약성경에서는 인간의 전체 상태로서 확인할 수 있는 정의에 관하여 진술될 수 없게 되어 있다; 이러한 특색은 '하느님 앞에 아무도 의롭지' 않다는 내용에 제한되어 있다.(시편 143,2 ; 욥 4,17 ; 15,14 ; 25,4 ; 9,2 참조)

2. 하느님은 의로우시다: 하느님의 정의

여기에서 유사한 방식으로 전기와 후기의 용법이 구별되어야 한다. 여기에서도 전기의 용법에서는 법의 심판이라는 상황이 전제되어 있다. 그런데 하느님의 정의에서는 그것을 넘어 개인에 대한 그의 의로운 행위와 역사 안에서, 민족들에 대한 그의 의로운 역사(役事)가 구별되어야 한다.

a) 개인에 대한 하느님의 의로운 행위

하느님의 정의는 무엇보다도 그가 입법자(탈출 19-20 ; 21-23장)라는 데서 나타난다. 법과 함께 주어진 법질서는 그에 의해 세워진 것이다. 이스라엘의 모든 법은 그에게로, 특히 시나이(Sinai)에서 드러난 하느님의 근본적인 계시로 거슬러 올라간다. 이스라엘의 모든 법은 하느님의 선물이다.

그러나 재판 과정 자체는 그 이상으로 태초의 사건(창세 3, 4장)에 근거를 둔다. 이로써 재판 과정은 인류 전체에 해당한다. 피고인의 변호권도 이 원초적인 규정에 근거를 두고 있다. 하느님의 정의는 매우 오래된 하느님 심판의 제도(하느님의 심판)에 전제되어 있다. 성문 앞에서의 재판인 시민재판도 하느님 앞에서 책임이 있다.

하느님은 제도의 저편에 최고의 법정으로서 존재한다. 하느님은 불의가 발생한 사람에 대한 판결에서 의롭다. "야훼께서 나와 당신 사이의 시비를 가려 주시기 바랍니다!"(창세 16,5) 그러므로 시편에는 빈번한 간청이 있다. "하느님 내 옳음을 밝히소서!", "나의 사건을 변호해 주소서!"(시편 54,3) 열왕기 상권 8장 31절 이하(신명 25,1 참조)의 성전 축성기도에서 솔로몬은 이러한 의로운 주재를 기원하며, 시편(7,10 ; 11,5 ; 116,5 ; 119,137 ; 145,17)은 이러한 의로운 주재에 관하여 말하고 있다.

하느님의 정의는 법 제도가 제 기능을 뜻하는 경우에 제기되고, 불의가 하느님의 이름으로 폭로되며 이러한 불의에 반대하는 하느님의 개입이 선언되는 예언자적 고발이 전제되어 있다. 예언자적 고발은 하느님의 정의를 인정하는 가장 강력한 표현이다.

b) 역사 안에 나타난 하느님의 의로운 주재

역사 안에서 주재하는 하느님도 의롭다. 그는 민족들의 재판자 혹은 세상의 재판자라고 불린다.(창세 18,25 ; 시편 96,13) 이스라엘 백성은 초기에 이를 적들에 반대하여 자신의 편을 드는 하느님의 개입으로 경험했다. 파라오는 다음과 같이 말했다. "…야훼께서 옳으시고 우리는 나빴다."(탈출 9,27) 적으로부터 해방된 이들은 다음과 같이 환호한다. "의로우신 야훼께서는 악인들의 멍에를 박살내셨다.(시편 129,4) 그러므로 ṣaedaeq라는 말은 '구원'이라는 의미를 지니는데, 특히 이사야, 예컨대 45장 21절에서 그렇다. 이스라엘 백성은 멸망에서 하느님의 정의가 처벌하는 정의로서 자신들 자체로 향해 있다는 것을 멸망에서 경험한다. "그러므로 야훼께서는 우리위에 파멸을 오게 하신다. 왜냐하면 우리 하느님인 야훼께서는 하시는 모든 역사에서 의로우시기 때문이다."(다니엘 9,4 ; 애가 1,18 ; 느헤미야 9,33 ; 에즈라 9,15 ; 역대기하 12,6).

c) 후기 경전에 나타난 하느님의 정의

하느님의 정의에 관한 언급은 후기에서 위기를 맞는다.

개인에 대한 하느님의 의로운 행위는 일방적으로 의인(경건자)과 악인(무신자)이라는 거칠은 대비에 연계된다. 의인과 악인의 처리를 다루고, 악인에게는 파멸만이, 의인에게는 구원만이 통지되는 잠언에서는 원래의 오묘한 행위, 결과, 사고방식(악행은 스스로 그 결과를 초래한다)이 신의 정의에 관한 개인적 언급과 연결된다. 그에 따라 하느님이 의인에게 상을 내리고 악인에게는 벌을 내리는 이 양면적인 응보설은 이스라엘에서 커다란 위기에 직면했다. 몇몇의 시편(73장처럼), 집회서와 욥기가 이것을 보여준다. 하느님의 정의를 한 인간의 운명을 보고 곧장 알아챌 수 없다는 인식은 욥기에서 표현된다. 동일한 것이 제2이사야서(역주: 미지의 인물이 편찬한 이사야서의 40~55장을 일컬음), 특히 이사야서 53장에서 나타난다. 이러한 인식은 커다란 충격을 초래했다. 더욱이 하느님의 정의는 의인의 처지에서도 더 이상 입증될 수 없었다. 이로써 하느님의 정의는 자취를 감추었다.

민족들에 대한 하느님의 행위에서도 유사한 점이 있다. 그럼에도 이스라엘 백성에 대한 재판에서 하느님이 의로웠다는 인식은 역사 안에서 하느님의 역사(役事)가 점점 더 수수께끼같이 되었다는 점, 하느님을 거스르는 세력들의 권세, 위대함, 영광이 경건한 자들의 유혹이 되었다는 점을 막아낼 수 없었다. 많은 사람들은 역사 안의 하느님의 역사에서 더 이상 하느님의 정의를 인식할 수 없었다. 창세기 18,17-32에 있는 소돔에 관한 아브라함과 하느님과의 대화가 이것을 말하고 있고, 역사 안에서 하느님이 인도하는 역사에 관한 욥기 12장의 막강한 시가 이것을 가리켜 보이며, 즈카르야 1,7-17의 첫 번째 밤의 환상과 에즈라 4장은 명백하게 이것을 보여준다. 여기에 요한 묵시록의 성립 근거가 있다. 이 묵시록의 저자들은 다음과 같이 말한다. 세계의 심판자인 하느님의 정의는 최후의 심판에서, 엄청난 드라마에서 비로소 드러날 것이며, 이 드라마의 종말에는 하느님이 세상의 심판자로서 널리 알려지게 될 것이다.

d) 하느님의 종의 노래에 나타난 하느님의 '정의의 심판'

구약성경이 하느님의 정의에 관하여 말하는 내용을 신약성경이 하느님의 역사(役事)에 관하여 말하는 내용에 직접 연결하는 일은 특히 로마서 1장 17절에서는 일어나지 않았다. 오직 한 곳에서만, 즉 제2이사야서(42,1-4 ; 49,1-6 ; 50,4-9 ; 52,13-53,12)에서 그와 같은 연결이 암시되어 있다. 42장 1-4절에서 하느님의 종은 '정의의 판결'(히브리어 mišpāt법, 그리스어 dikaioma)을 민족들에게 전하라는 위임을 받는다. 이것은 완곡하게 다음과 같이 말한 것이다. 이로써 거의 확실하게, 민족들의 신들의 신성에 대한 요구가 무효라고 선고되었다는 법관의 진술(41,1-5 ; 41,21-29 기타)의 판결을 의미한 것이다. 오직 야훼만이 하느님이다. 45장 20-25절의 법관의 마지막 진술에서 "민족들 가운데 살아남은 자들"은 야훼의 구원에 초대 받는다. 종 자신이 (선교사로서) 민족들에게 가는 것이 아니라 그의 고난의 길(42장 4절에 암시되고, 52-53장에 상세히 서술됨)을 통하여 간접적으로 민족들의 구원을 위한 법관의 이러한 판결을 그들에게 전함을 의미한다. 49장 6절에서 다음의 말은 같은 의미를 갖는다. "나는 너를 만국의 빛으로 세운다." 42장 4절은 민족들의 간절한 기다림이 하느님의 '정의의 판결'을 맞이한다는 것을 여기에 덧붙인다.

클라우스 베스터만

Ⅲ. 신약성경의 정의

구약성경과 유다적인 개념의 역사는 신약성경의 대부분의 텍스트에서도 '정의'란 말의 의미를 규정한다. '정의'는 특히 하느님이 선사하는 '종말론적' 구원의 선물이다. 물론 다른 수많은 곳에서 보편적인 그리스적 언어 사용인 '정의'에 상응하여 올바름, 합법성, 평등, 분배적 정의 혹은 시민적 정의 같은 개념들이 나란히 자리 잡고 있다. 때로는 의미의 역사에 관한 두 개의 노선도 '정의'에 관한 신약성경적 사용에 영향을 준다.

'정의'에 관한 바오로의 이해는 특히 연결 단어인 '하느님의 정의'에서 후속시대를 위한 가장 중요한 의미를 갖게 되었으며, 이들 단어는 그의 신학에서 으뜸가는 주요개념의 역할을 한다. 바오로의 이해에 의하면 하느님은 인간을 '의로운 척도'에 따라 바로잡는 것이 아니라 의롭다고 말하는 것, 즉 의롭게 만드는 것에서 자신의 정의를 보여준다. 그러므로 '하느님의 나라'는 형식적 개념과는 아주 다른 것이며 오히려 적극적으로 구원을 지칭한다. 여기에서 우리의 독일어 단어인 'Gerechtigkeit'(정의)는 그리스어 표현(또한 사도 바오로가 현지에서 사용한 것)과 히브리어 – 아람어의 본보기에 매우 불완전하게 상응하는 것이라는 사실이 분명해진다. 원래는 인간의 사회적 행위를 규제하지 않고 하느님과의 (성공한, 올바른) 관계를 지칭한다. 바오로의 자세한 설명에 따르면 하느님을 그 자체로서 인정하는 자만이 의롭다. '하느님의 정의'는 하느님의 눈에 드는 그러한 정의이며 마르틴 루터(Martin Luther)가 번역한 대로 바로 하느님 앞에서 타당한 정의이다. 바오로 자신은 하느님의 포괄적인 구원의지에 관한 이러한 보고를 자기 소명의 중심적인 주제로서 이해하였다. 그는 특히 자신의 로마서에서 이것을 상세하게 주제로 삼았다.(로마 1,16 이하) 하느님은 자신의 '정의'에 대한 증거를 그리스도를 보냄으로써 보여 주었다. 예수를 믿는 사람이면 누구든지 당신과 올바른 관계에 놓아 주신다.(로마 3,21-26) '하느님의 정의'의 이러한 제공과 약속은 전체 인류와 피조물에 보편적으로 타당하다.(로마 8,18-25;8,9-11)

하느님의 정의에 관한 이렇게 특별한 바오로의 언급방식이 신약성경의 연구 역사에서 큰 자리를 차지한다는 사실이, 도덕적으로 옳은 행위를 수행하는 관계에 있어서, 신약성경의 저술가에게 마찬가지로 잘 알려진 '정의'에 관한 다른 의미의 차원에 대한 통찰을 차단해서는 안 된다.

베드로의 둘째 편지에서 '우리 하느님과 구세주 예수 그리스도의 정의'(2베드로 1,1)에 관한 언급이 있는 곳조차도 – 바오로와 같이 – 더 이상 하느님의 종말론적 구원의 선물이 아니라, 모든 사람에게 똑같은 것을 나누어 주시는 하느님의 본성을 생각해야 할 것이다.(Schelkle 85) 더 나아가서 마태오복음의 신학에서 '정의'에 관한 용법은 바오로와는 다르게 강조되어 있다. 여기에서는 예수의 길이 '정의의 길'로서 해석되어 있다. 정의는 예수의 프로그램이 된다. 정의는 하느님의 정의의 요구의 표현이다. 하느님은 구원이 인간의 차지가 될 수 있게 하기 위한 '하느님의 나라' 혹은 하느님의 권세가 확산하기 위한 전제로서 정의를 원한다. 마태오 복음의 '하느님의 나라'는 바오로 신학에 나타난 정의의 체계적인 장르에 상응한다. 두 개념은 각기 '인간이 그것을 향하여 굶주리고 목말라 하는' 하느님의 조건 없는 행위와 은총의 강한 표시(Conzelmann / Lindemann 257)를 지칭한다. 이와 반대로 마태오 복음에서 '정의'는 인간에 대한 하느님의 요구로서 자리 잡고 있으며 인간에 의해 실현되어야 하는 구원의 조건이다. 정의를 향하여 '주리고 목마른' '가난한 사람들' (마태 5,3)은 그들의 권리가 계속하여 억압되지 않는다는 것을 믿을 수 있다. 그래서 복음서 저자는 예수의 등장과 함께 하느님이 인간들에게 이미 권리를 마련하여 주었다고 본다. 그럼에도 '하느님의 정의'에 뜻을 두어야 할 과제(마태 6,33)는 남아 있다. 왜냐하면 하느님을 '의롭다'고 인정하는 자만이 하느님의 나라로 들어가기 때문이다.(마태 5,20) 산상설교의 요구에서 이러한 '정의'는 적에 대한 사랑에 이르기까지 그 내용을 채워놓고 있는데, 이 요구는 여기에서 '현세적인' 원리보다는 더 나아가는 규준이 설정되어야 할 것을 분명히 하고 있다.

이와 같이 사랑의 제공은 마지막으로 예수의 제자들에 대한 모든 요구를 집약함으로써 '보다 좋은 정의'의 내용을 최종적으로 충만하게 함을 나타내며, 이 정의는 '바리사이파 사람들'(die Phirisäer)의 '모범적인' 정의를 초월할 수밖에 없다.(마태 5,20 참조)

윤리적으로 올바르고 선량한 태도라는 의미에서 '정의'는 사도행전과 후기 경전에서 '정의를 행하는 것', '정의가 영향을 미치는 것'과 같은 표현을 갖는 그리스도인에 대한 구체적인 요구로서, '올바른 경건'(사도 13,10), '올바른 태도'(사도 24,25), 이방인들도 칭찬 받으며 인정될 수 있는 행위(사도 10, 35)로서 묘사된다.(Kertelge 1979, 795)

요약하여 다음과 같이 말할 수 있다. 신약성경의 언어 사용은 '정의'에 관한 의미내용의 이중의 차원을 제시한다. 무엇보다도 사도 바오로에서 우세한, "하느님의 정의"에 관한 신학적 기본 개념, 즉 예수가 구원행위로 신도들을 위로하고, 그로써 동참하는 기본 이념 외에도, "하느님의 왕국"으로 진입하기 위한 전제의 요청으로서 인간에 의해 현존하는 정의에 대한 요청이 있다. 이러한 전제는 어느 구절에 내용상 포괄적으로 새로 쓰여지지는 않았다.

베른하르트 슈페얼라인

Ⅳ. 하느님의 구원의 법에 대한 계약의 충실인 정의

앞의 주된 두 장(章)에서는 성경번역자들이 '정의'로 번역하려고 애쓰는 구약성경과 신약성경에 있는 단어들의 의미에 대하여 급하게나마 개관을 제공하도록 시도하였다. 이 짧은 요약에서는 각자의 작업이 해야 할 구별되는 다수의 상세한 것들에 관하여 어쩔 수 없이 개관될 수밖에 없었다. 성경은 알려진 대로 그 자체로 닫힌, 통일된 작품이 아니라 상이한 시대와 언어에 근거를 둔 상이한 저자들의 저술을 모아 놓은 것이다. 이에 상응하여 정의 개념도 성경의 개별적인 책에서 상이한 강조점을 갖고 있다. 그럼에도 대체로는 공통된 유형의 특징이 있다.

이제 '정의'에 관하여 이해하려는 이 분석이 우리 시대에 성과가 있으려면, 오늘날 통용되는 '정의'에 관한 우리의 이해에 대한 공통점과 차이점이 들추어져야 한다. 그런데 이러한 이해는 아직 성경보다 덜 통일되어 역사의 과정에서 다양한 방식으로 변천되어 왔다. 그러므로 이 항목의 체계적인 목표설정에도 불구하고 성경적 정의 개념이 어떤 방식으로 서양의 그리스도교 정신사에 진입했는가에 대한 역사적 연구가 불가피하게 된다. 그런데 그에 앞서 이 장에서는 또한 성경적 정의 이해의 신학적 배경을 밝혀 안내할 시도가 착수되어야 한다.

1. 모든 정의 이해의 공통된 기초

개별적 언어와 문화에 있어서 '정의'에 관한 의미내용이 모두 서로 다른 경우에 같은 말의 사용을 정당화하는 공통성은 다음의 사유에서, 즉 '정의'는 객관적인 의미로는 규범적인 질서 표상의 총괄개념으로 지칭되고, 이 표상들에 사회적 공동생활이 방향을 두어야 하고, 이 표상들이 개별적 요구들 사이의 소송 문제를 사법적으로 판결하는 것을 가능하게 한다는 그러한 사유에서 찾아져야 할 것이다. 이 표상들이 개별적으로 무슨 내용을 갖고 있으며 어떻게 근거될 수 있는가는 전적으로 미해결의 상태에 있다. 모든 시대와 문화의 사람들에게 포기할 수 없는 것으로 공공연하게 부과된다는 사유만이 본질적이다. 즉 사회적 생활이 단지 자의(恣意)나 권력에 내맡겨져서는 안 되고 인정된 객관적 가치 표상과 규범의 의미에서 올바르게, 즉 '의롭게' 질서 잡혀야 한다는 것이다.

이에 상응하여 '정의'는 주관적 의미에서 (행위의 특성으로서, 태도 혹은 덕으로서) 이들 구속력 있는 사회적 중심 표상과 일치된 태도를 뜻한다. 이 개념의 내용은 우선 똑같은 방식으로 아직 규정되어 있지 않으며 '정의'가 객관적 의미에서 무엇으로 이해되느냐에 달려 있다.

2. 하느님의 정의

정의 개념을 규범적 사회질서로서 간주하는 이 가장 일반적인 해석에, 특히 구약성경에서 하느님과 인간 사이의 관계에서 자주 '정의'에 관하여도 언급하고 있다는 사실이 맞서 있다. 그런데 이것은 동시에 사회적 정의에 대한 인간적 경험이 하느님에게 전의(轉義)되어 사용된다는 것과 관련이 있다. 하느님과 인간들, 특히 이스라엘 백성과의 관계에는 요컨대 구약성경에서 자주 인간들 사이의 동반자적 관계를 유추하여, 이를테면 일종의 인간 상호간의 권리에 따라 파악되는데, 이 권리에서 요구와 의무가 쌍방에 귀속된다. 이로써 이 동반자적 관계를 근거짓는 계약의 체결이 하느님의 자유로운 행위였다는 사실이 부정되지 않고 오히려 전제되어, 이 행위에 대하여 이스라엘 백성은 어떤 요구도 주장할 수 없다. 계약 체결 시 하느님의 정의는 오히려 그가 백성들에게 모든 인간적 희망, 기대, 동경이 그 안에서 성취되는 동반자적 관계를 제시한다는 사실 자체에 있고, 이스라엘 백성이 특별한 방식으로 그 자신의 백성이 되도록 간택했다는 바로 그 사실에 있다. '계약법의 정의'에 관한 언급이 있는 경우에는 그것과 함께 인간이 이 법을 준수하는 가운데 자신의 진정한 구원과 행복을 발견한다는 경험이 표현된다.

하느님과 그의 백성 사이의 이러한 동반자적 관계에서 하느님의 정의는 무엇보다도 충실함으로서 나타난다. 하느님은 이 백성이 거듭 계속하여 계약을 깨게 될지라도 자신의 백성과의 계약은 굳게 지킨다. 성경적 의미에서 '계약'은 엄밀한 동등(평등)의 관계에 국한되는 것이 아니라 공동체를 가능하게 하고 보증하며 보호하는 태도를 뜻한다.

다른 면으로 정의, 평화, 구원의 세계에 대한 동경이 실현되기까지는 기다려야 한다는 경험이 신자들에게 문제가 되었다. 불행, 정치적 패배, 간택된 백성에 대한 적의 승리가 어떻게 하느님의 정의와 일치될 수 있는가? 이 쓰디쓴 경험의 원인은 그의 정의를 신자들이 의심해서는 안 되는(=성실함) 하느님 쪽에 있을 수 없었고, 자신의 태도에서 늘 거듭하여 정의의 길에서 벗어난 인간 쪽에서 찾게 되었다. 그러므로 이스라엘 백성의 도덕적 태도와 정치적 운명 사이에는 밀접한 관련이 있는 것으로 보게 되었다.

3. 인간의 정의

이러한 전제들로부터, 정의가 인간, 그의 내적인 태도 및 행위에 의해 진술되었다면, 왜 그것이 성경적 사유에서 인간 상호간의 태도의 일부만이 아니라 포괄적으로 전체적인 도덕적 기본자세를 지칭하는지 이해된다. 이것은 전기 문화에서 고유한 덕론이 아직 체계적으로 완성되지 않았으므로 '법'도 가끔 일반적으로 미풍양속(美風良俗)과 도덕으로 이해되었다는 사실과 관계있을 뿐 아니라, 특정한 신학적, 사회적 전제에 의거한다. 이러한 정치적이며 종교적인 공동체인 이스라엘 백성은 자신을 하느님에 의해 직접 성립되고 도덕적, 종교적 및 정치적, 법적 효력을 가진 계약법에 대해 의무가 있다고 이해하였다. 따라서 '정의'는 신적인 계약법의 이 포괄적인 규범과 행위의 일치로서 파악되었다. 도덕법에 대한 모든 위반은 직접적으로 정치적 공동체에도 해당된다. 왜냐하면 정치 공동체는 종교적 공동체로 이해되었기 때문이다. 인간적 공동생활의 규범인 종교법은 사회적 및 정치적 공동생활과 함께 개인적인 도덕적 태도를 규정하였다. 개인이 양심의 자유에 대한 권리를 유효하게 만들 수 있었을 '사적'(私的)인 종교적 영역은 없었다. 동시에 계약법은 오히려 제례적이고 종교적이며 법적인 성격을 지녔으며, 이 경우에 근본적인 의미는 정의를 위한 재판관의 직분에 귀속된다.(Dünner 15)

'정의'는 유효하다고 간주되는 사회적 규범에 상응하는 것으로 이해하는 것이 현대적 언어 사용과 일치한다. 정의는 법 안에 요약되어 있고 그것에 대하여는 필요한 경우에 재판관이 평가하는 것과 마찬가지 의미로 이해된다. 차이라면 유효한 법을 통하여 규제되는 범위와 정의 개념에 대한 내용적으로 보다 상세한 규정에 있다. 현대적 이해에서 정의는 주로 인간적 공동생활의 기본 가치로서 이해되며, 이 가치는 다른 기본적 가치들과 구별되고 경우에 따라서는 이 가치들과 갈등에 빠져들 수 있다. 이 기본 가치는 각자에게 각자의 것을 주는 특징이 있다.(아래의 V, VI 참조) 그러므로 우리는 오늘날 (객관적 의미에서) '정의'가 '자유'와 개별적 의미에서(주관적 의미에서) 정의와 긴장관계에 있고 예컨대 '사랑'에 의해 능가될 수 있다고 말할 수 있다.

물론 현대적 언어 사용에서도 때로는 '정의'가 포괄적인 의미에서 도덕성의 총괄개념으로서 사용되는데, 이는 성경이 역으로 가끔 '정의'에 관하여도 하나의 특별한, 다른 덕들과 구별되는 도덕적 태도라고 말하는 것과 마찬가지 의미이다.

4. 사회의 정의

사회적 정의를 가져오기 위하여 사회적 정의가 어떤 규준을 중심으로 하여 특정되어야 하고 무엇이 행해져야 하는지 하는, 현대세계에서 아주 뜨겁게 논쟁이 되었던 문제는 구약성경의 사유세계에서는 아직 이러한 형식으로 제기되지 않았다. 계약의 법에서 하느님 자신이 백성에게 규범들을 부여했는데, 백성은 이들을 기준 삼아 실행할 수 있었고 규범들은 겉보기에 정의를 충분히 정의하였다. 이 법을 준수하는 자는 '의롭다'고 간주되고, 경시하는 자는 '악한 자'로 간주될 수 있었다. 변천할 수 있는 시대조건에 이 법을 계속

적응하게 하는 입법권은 예견되지 않았고 심지어는 오히려 분명하게 거부되었다.(신명 13,1 – 이에 대하여 실제로 유효한 법이 역사적으로 변천한 점과 예언자들이 법을 변천하는 시대 조건을 고려하여 다양한 방식으로 해석하였다는 사실이 대립하지는 않는다) 이로써 문자로 고정된 법은 정의와 도덕의 모든 문제에 완전함과 시대적인 효력으로 답하라고 요구한다.

이스라엘 백성이 이 계약의 법을 양심적으로 준수한 때에 하느님이 이 백성에게 구원, 평화, 적에 의한 압박에서의 해방, 복지라는 의미에서 정의도 선사할 것이라고 기대할 수 있었다. 공동선은 일차적으로 목적에 적합한 법과 규준의 유용함이 아니라 계약법의 준수와 연결되어 있는 구원에 대한 하느님의 활약에 의존하였다.

5. 법 정의의 위험

우리는 여기서 개략적으로 서술한 정의의 개념이 이스라엘 백성이 실제로 살았던 에토스와 법 현실을 적절히 묘사하는지 혹은 어떤 특정한 시대에, 가령 신명기를 작성한 시기에 정의를 해석한 오직 이념형적인 구성인지 어떤지 하는 질문을 제기할 수 있을 것이다. 그런데 이러한 이해가 윤리적 사상을 본질적으로 각인하였고 전적으로 특정한 방향에서 영향을 준 것은 의심의 여지가 없다.

우리는 그리스도교적 시각에서 최상의 법인 하느님의 사랑과 이웃 사랑을 선포하는 신약성경과는 반대로 구약성경이 경직된 율법의 정의의 종교라고 거듭하여 비난한다. 이에 대하여 하느님에 대한 사랑과 이웃 사랑의 계명을 구약성경(신명 6,5;레위 19,18)의 언어 형식의 표현에 의식적으로 그리고 분명하게 의존하는 가운데 예수가 설교하였다는 사실이 대립되어 있다. 마태오 복음 22장 36절에서 율법교사는 율법학자들 가운데서 진행되는 토론과 관련하여 예수에게 공공연하게 도덕의 종합적인 규정에 대하여 질문한다. 그는 예수의 대답에 전적으로 만족한다. 그러므로 하느님과 이웃에 대한 사랑은 유다교의 시각에서도 구약성경의 정의 이해에 대하여 결코 근본적으로 새로운 에토스를 표현하는 것은 아니다.

그럼에도 우리가 전체 도덕을 문서로 전승된 법 안에 요약되어 있다고 보는 경우에 늘 나타나는 율법주의(Legalismus)의 위험성이 간과되지 않아야 한다. 우리가 법을 최소한도로 해석한다면 요구된 바를 외적으로 문자대로 실현하는 것에 만족하고 법의 정신에서 벗어날 유혹에 쉽게 빠질 수 있다. 유다교는 부분적으로는 의심할 바 없이 순수하게 형식적인 율법적 정의의 지속적인 위험을 견디지 못했다. 그 중에서도 신약성경의 비판, 특히 복음서의 비판은 율법의 정의에 반대한다.

공식적으로 완전히 표현된 '율법'도 인간과 관계되는 구체적인 도덕적 의무를 빠짐없이 모두 모아둘 수는 없다. 역사적 관계의 변천에서 정의를 실천할 새로운 가능성과 필연성이 늘 거듭하여 등장한다. 그러므로 구체적으로 도덕적이며 법적인 규범들이 계명의 내용을 어느 정도 포괄적으로 서술해야 한다면 지속적인 발전이 필요하다.

물론 '정의'에 관한 구체적인 내용의 이러한 변천은 보통 전혀 티가 나지 않는데, 그 이유는 보편적인 규범들. 예컨대 십계명의 규범들은 상이한 상황에 다양하게 적용하는 경우에 일정한 형식적 정체성을 지니고 있기 때문이다. 부모에 대한 무관심, 살인, 간통, 절도, 거짓 맹세, 이 모든 도덕적 결함은 그 자체로서 이미 정의된 것이므로 늘 허용될 수 없다. 어떤 행위들이 개별적으로 그와 같은 결함을 가진 것으로 지칭되기 때문에 금지되는가는 아직 좀 더 상세한 내용적 규정을 필요로 하며, 이러한 규정은 역사의 진행에서 최소한 주변지역에서는 어느 정도 변화의 여지가 있다.(Petukowski 참조) 그런데 구체적 도덕적 규범들이 변천하는 사회적, 제도적 시대 조건들에 의존하는 것에 대한 이러한 통찰은 비교적 오래되지 않았으며 사회학적 연구를 통하여 비로소 일반적인 의식 안으로 들어온 것이다. 우리의 시대에 이르기까지 도덕성의 불변에 관한 견해는 십계명과 관련하여 정평 있는 윤리학 교과서들에서도 대표되고 있으며, 십계명은 모든 시대의 모든 민족에 있어서 인정될 것이다.

그러므로 율법주의적으로 좁혀진 정의에 관한 이해는 구약성경 자체에 특징적인 것은 아니다. 도덕적인 가르침을 위하여 하느님의 계시를 끌어대는 모든 종교에는 변천된 시대 상황에서 생겨나는 새로운 도덕적 의무를 소홀히 할 뿐 아니라 경직되고 엄격하게 사회적 변천에 저항할 위험이 있다. 왜냐하면 이러한 사회적 변천은 역사적으로 미리 주어진 전제들과 관련하여 전적으로 특정한 구체적 행위 방식을 규정하는, 과거에 계시된 도덕법과 모순되는 것으로 보이기 때문이다. 그렇다면 이는 핵심적 내용을 보전하면서 보편적 규범에 대한 새로운 해석을 요구하는 '진보주의자'와 계시된 율법을 문자에 충실하게 준수함으로써 정의를 실현하려고 하는 '정통주의자' 사이의 극심한 긴장으로 이끌 수 있다. 이렇게 볼 때 모든 계시 종교는 보수적이라는 부담을 이미 지고 있는 것이다.

예언자들은 그들 시대의 정의의 구체적인 요구를 위하여 늘 거듭하여 양심을 강화하려고 하면서 이스라엘 백성 안에 어느 정도의 균형을 회복했다. 그들은 자신들의 행위의 지침을 위하여 율법의 엄격한 보편타당성을 요구하지 않았다 그래서 예컨대 예언자 아모스(Amos)와 다른 예언자에게서는 현대적 의미로 모든 점에서 더 큰 사회적 정의를 향한 호소로서 이해되고 응용되는 진술이 발견된다. 그들은 구체적 불의로 이끈, 본래의 의미에 모순되고 표면

화한 율법의 해석에 이의를 제기했고 그렇게 함으로써 유력한 율법의 이해를 교정하였다. 더군다나 이러한 예언적 기능은 율법 자체에 분명히 예시되었다.(신명 18,15-22)

6. 신약성경에 나타난 하느님 앞의 의화인 정의

이렇게 볼 때 예수도 그의 요구가 훨씬 멀리 넘어서 있기는 하지만, 예언자들의 노선에 위치한다. 한편으로 그는 율법과 예언자들을 폐기하기 위하여 파견되지 않고 그것들을 완성하기 위하여 파견되었음을 알고 있다.(마태 5,17) 이로써 그는 구약의 정의 이해를 계승했고 이것을 율법주의적 표현으로부터 정화했으며 철저하게 만들었다.(마태 5,20) 그러나 근본적 의미는 다음과 같은 동일한 의미로 남아있다. '정의'는 그 전체적 의미에서 하느님의 뜻에 따르는 삶으로서 이해된다. 그러므로 정의는 예를 들면 자비를 포함한다.

다른 한편으로 예수의 복음이 본래적으로 새로운 것은, 그의 강생으로 구원의 때가 시작되었다는 것을 알아야 한다는 점에 있다. 하느님이 정의를 자신의 백성에게 허락하였듯이 예수 자신은 정의를 향한 동경의 성취이다. 정의는 예수 그리스도를 믿는 사람들에 대한 하느님의 은총이 넘친다는 증거이다. 그런데 이제 복음서에서는 인간의 이러한 구원을 위하여 '하느님의 정의' 대신에 '하느님의 나라' 혹은 '하느님의 주권', '하느님의 아버지 됨', '구원' 같은 개념이 사용된다. 그것은 왕인 예수와 함께 정치적, 세속적 지배질서를 세우는 일이 아니라 하느님에 대한 인간의 악화된 관계를 은총으로 충만하게 재건하고 이로부터 생겨나는 인간 상호간의 반대 관계를 사랑으로 극복하는 데서 보인다.

이렇게 '정의'를 하느님 앞에서 의화로써 '수직적으로', 초월적으로 이해하는 것은 바오로의 중심 사상이다. 율법의 완성을 통하여 정의에 도달하려고 하는 유다인들의 시도는 율법 없이 의롭게 되려는 이방인들의 기회와 마찬가지로 가망이 없다. 모든 사람은 예수 그리스도 안에서 하느님을 통한 의화를 필요로 하며 의화는 오직 신앙 안에서만 받아들일 수 있다.

7. 신약성경에 나타난 세계 내적인 정의

하느님 앞에서 인간의 의화라는 이 신학적 차원의 배후에 세계를 향한 정의라는 한 측면의 의미가 구약성경보다는 훨씬 더 강하게 감퇴한다. 의심의 여지없이 그리스도교 신앙에서 유래하는 삶은 정의(넓은 의미와 좁은 의미에서)의 요청을 준수할 것을 요구한다. 사도의 편지들은 도덕적 경고와 가르침으로 가득 차 있다. 그런데 이로써 내용적으로 특별히 그리스도교적인 요청을 지닌 '신약의 법'이 선포되었는지 아니면 이미 타당한 것이라고 전제된 인간적 공동생활의 도덕적 규범들만이 권위 있게 분명히 알려져야만 했는지 하는 문제는 신학자들 가운데 오늘날까지도 논쟁거리다. 어쨌든 정의, 즉 인간 사이의 영역을 위한 신약성경의 도덕적 담화에서 내용적으로 고유하며 특별한 '그리스도교적 요구들'을 찾아내는 것은 어려우며, 이들 요구는 이성에 의해서도 통찰될 수 없을 것이다.

그런데 계약법의 의미를 상대화함으로써 원시 그리스도교는, 후기 그리스도교보다는 더 자연스럽게 이방인 세계의 가치 표상도 받아들일 가능성을 갖게 되었다. 바오로는 의심의 여지없이, 예를 들면 이른바 '가족 구성원을 위한 경고 목록'(골로 3,18-4,1 ; 에페 5,22-6,9 ; 1티모 2,1-15 ; 티토 2,1-10 ; 1베드 2,13-3,9 참조)에서 당대 그리스 윤리학의 요소들을 인수하여 자신의 복음전파의 자료로 삼았다. 다음과 같은 그의 경고는 좋은 예이다. "여러분은

무엇이든지 참된 것과 고상한 것과 옳은 것…, 덕스러운 모든 것을 마음속에 품으십시오!"(필리 4,8)

물론 그리스도교적 복음전파에서는 '정의' 대신에 '사랑'이 도덕의 중심 개념으로 등장한다. 이렇게 강조점을 바꿈으로써 율법주의의 위험을 쉽게 피할 수 있다. 다시 말하면 하느님이 지은 좋은 작품 중 특정한 경전을 준수함으로써 이미 도덕의 요청을 만족시킨다는 생각을 쉽게 피할 수 있다. 이로써 이 개념이 서양의 윤리학사에서 관철하여 온 것처럼 '정의'의 개념에 고유하고 보다 상세한 의미내용을 부여할 가능성이 있게 된다. 복음서와 사도의 편지에서는 고유하게 그리스도교적인 정치적 정의의 질서를 기획하거나 심지어 세워놓으려는 시도가 착수되지 않는다. 구약의 약속이 전용되는 '하느님의 새로운 백성'은 교회이다. 교회는 그 자체로서는 정치적 지배의 요구를 요청하지 않는다. 현재 있는 정치적 및 사회적 관계는 그저 주어진 것으로서 받아들여지고, 전체적인 주안점은 신자들이 '이방인'으로서 이러한 질서의 비호 아래 어떻게 자신의 구원을 성취할 수 있고 새로운 질서의 시작인 교회 안에서 하느님 앞에서의 의화를 획득할 수 있는가 하는 것에 방향을 두고 있다.

이러한 내면을 향한 전향은 부분적으로 다음의 사실과 밀접하게 관련된다. 즉 이스라엘과 이방인 거주지역에 살던 초세기 교회의 그리스도교 신자들은 처음에는 공적 생활 형성에 본질적인 영향을 미칠 수 없는 소수를 이루고 있었다. 그러나 그리스도교의 종교적 성명의 고유함이 정치적 정의의 요구와 혼합함으로써 모호하게 되지 않아야 한다는 생각이 더 결정적이었다. 끝으로 그리스도가 곧 재림할 것이라는 기대는 사회생활의 문제를 깊이 연구하는 데 방해가 되었을 수도 있다. 어쨌든 그리스도교의 새로운 에토스는 우선 단지 형제적 사랑의 공동체였던 원시 공동체의 교회적인 범위의 차원에서, 그리고 훨씬 뒤에야 공중의 사회적, 정치적 차원에서 영향을 미쳤다.

V. 각자에게 각자의 것을 주기 위한 도덕적 태도인 정의

하느님의 계시의 내용이 '정의'의 의미내용에 대한 우리 연구의 기초를 이루고 있듯이, 그 내용을 다른 문화의 언어와 개념 세계에서 표현하려는 해석학적 과제는 순수하게 학문적이고 사리적 이성으로써는 해결될 수 없는, 단순히 문학적인 문제 이상의 것이다. 더욱이 성경적 성명의 이러한 '토착화'(Inkulturation)는 교회의 끊임없는 신앙 실현의 일부이다.

이러한 문제는 그리스도교가 그리스-로마 문화로 들어오면서 처음으로 제기된다. 그 당시 교회가 '정의'를 위한 해석학적 과제를 해결했던 방식은 유사한 문제가 해결을 기다리고 있는 우리 시대에도 방향을 지시할 수 있다. 그러므로 최소한의 본보기로 개별적 전환점에 처한 그리스도교적 정의 이해의 역사가 서술되어야만 한다.

1. 그리스 철학에서의 '정의'

그리스 사상에서 '정의'(δικαιοσύνη, 디카이오쉬네)는 유다교 전통과는 본질적으로 다른 의미를 갖고 있다. 보다 정확히 말하면 이 개념은 원래 종교적 관련(Δίκη, 디케라는 어원을 참조, 헤시오도스에 있어서는 고유한 신에 대한 이름)을 갖고 있으나 후대의 일상 용법에서는 올바름과 의무 수행이란 시민적 덕을 가리켰다. 플라톤과 특히 아리스토텔레스는 이 개념을 하나의 방식으로 이론화했는데, 이것은 전체 서양의 역사에 방향을 지시하게 되었다. 이 경우에 정의는 한편으로 모든 덕의 토대, 이를테면 도덕적으로 선한 모든 태도의 총괄 개념으로 이해되었다. 다른 한편으로 정의는 신중, 자기 억제와 용기와 같은 다른 세 개의 주요덕과 함께 개별적 덕으로서 파악되었다. 이와 같이 좁은 의미에서 아리스토텔레스는 다음과 같이 정의를 내린다. "정의는 법(효력 있는 국법)이 지시하는 대로 그것을 통하여 각자가 자신의 것을 얻는 덕이며, 이와 반대로 불의는 어떤 사람이 법에 따라서가 아니라 그것을 통하여 타인의 재산을 획득하는 것이다."(수사학 I,9,1366 b 9 이하)

이와 같은 정의(定義)에는 이미 어떤 긴장이 엿보이는데, 이는 다음과 같이 계속되는 전체 서양의 정신사를 관통한다. 정의로운 것은 한편으로 한 인간이 자신의 것이라고 요구할 수 있는 것(주관적인 법적 요구)으로서 해석되고, 다른 한편으로 유효한 사회적 및 법적 규범(객관적 법)이 지시하는 바로서 해석된다. 양자는 필연적으로 일치하는가, 그렇다면 어떤 의미에서 그런가? 그리스인들의 이해에 따르면 실정법만으로는 정의를 해석하기에 충분하지 않고, 이러한 해석은 φύσει δίκαιον, 즉, '자연 본성적으로' 정의로운 것을 통하여 추정된다. 이런 정의가 어떻게 더 상세하게 규정되어야 하는지, 어떤 '자연적 본성'에 의해 근거되어야 하는지, 그리고 실정법과 어떤 관계에 있는지에 대해서는 철학과 법학에서 '자연법 논쟁'이 오늘날까지 계속되고 있다.

이런 (특수한) 정의 개념에 본질적인 것은 동등함의 사상이다. "부정의한 것이 평등하지 않은 것을 뜻하듯이, 정의로운 것은 평등을 뜻한다.(니코마코스 윤리학, V,6,1131 a 13) 따라서 평등한 것은 평등하게, 평등하지 않은 것을 평등하지 않게 다루는 것은 정의의 중심이 되는 요구이다. 그런데 이런 평등은, 각각 어떤 국가에서 법적으로 정한 재화의 분배가 중시되는지(분배의 정의 - 비례적 동등함) 혹은 두 계약 당사자 간의 균형이 이루어져야 하는지에 따라 (평균적 정의 - 산술적 동등함) 다시 한 번 다양한 형태를 띤다.

이런 그리스적 정의 개념은 그 근본 특징에 있어 로마적 법사상을 각인했듯이, 유다적 전통에 대하여 본직절인 차이를 보여준다.

a) 정의는 인간의 행위와 관계하는 도덕적 덕으로서 이해된다. 보다 정확히 말하면 도덕적으로 옳은 모든 태도가 '정의롭다'고 불릴 수 있는 한, 일반적 정의 개념에서 유다적 정의 이해와 어느 정도 유사한 점이 발견되어 전체적 도덕법이 이에 포함되어 있다. 이와 반대로 특수한 정의에서는 개별적 덕이 다른 도덕적 덕과 대립되어 있다. 사회적 상황의 객관적 의미에서 '정의'는, 폴리스의 통치에 책임을 지고 있는 자가 '분배적 정의'의 의무를 지고 있는 한, 즉 권리와 의무가 비례적 동등함에 따라 각자에게 할당되어야 하는 한에서만 주목된다.

b) '정의'의 내용은 계시법으로부터 도출되지 않고 철학적으로 이성의 숙고를 통하여 정당화된다. 정의를 행사할 의무는, 이 의무가 직접적으로 의무를 부여하는 신에게 소급되지 않고서 일반적으로 인간을 폴리스 공동체 안에서 덕성스럽게 사는 존재로 규정하는 데서 생겨난다.

c) 특수한 정의는 평등함의 규준에 따라 함께 사는 인간과 관계하는 태도라고 이해된다. 유다 적인 이해에 따르면 정의는 인간 간의 영역에서도 원래 개인에 의해서는 결코 완전히는 행해질수 없었다. 그 이유는 정의가, 두 동반자에 의해 보증되고 성립되어야 하는 공동체의 관계를 내용으로 갖고 있기 때문이다. 그리스적 이해에서는 공동체가 만든 상태가 아니라 개인의 올바른 태도가 주목된다.

2. 초세기 그리스도교를 통한 철학적 정의 개념의 신학적 수용

그리스-로마적 세계에서는 성경적 전통과는 다른 의미내용들이 '정의'라는 말에 연결되었다. 초세기 그리스도교는 스스로가 지중해 지역의 이교적 세계를 예수 그리스도 안에 일어난 하느님의 계시의 정신으로써 관통하기 위한 과제에 직면한 것으로 보았다. 그렇게 다양한 종류의 요소들로부터 – 개별적으로 모두 차이가 있음에도 – 전체 서양사에 척도가 되었던 그리스도교적 정의론이 어떻게 싹텄는가?

초세기 교회는 성경적 전통에서 유래하는 자신의 정의 개념을 그리스-로마적 문화에 강요하거나, 그것을 적어도 그리스도인들의 사회적, 정치적 삶에 구속력 있는 방식으로 발전시키지는 않았다. 그 대신 신앙의 선포는 이미 있었던 개념 세계와 연결되어 그리스도교적 영성을 그 당시의 문제에 대한 대답으로 증명해 보이려고 했는데, 물론 이 경우에 비판적 교정이 없었던 것은 아니다. 물론 이로써 다가올 세기의 그리스도교에 있어서 적어도 인간적 공동생활의 도덕적 질서와 관계가 있는 한, 정의 이해에 대한 그리스-로마적 개념의 범위는 성경적 전통보다 훨씬 결정적인 것이었다.

그러므로 암브로시우스(Ambrosius)는 비록 성경적 전거와 인용에 근거를 두었다 해도, 키케로(Cicero)를 따라 4개의 주요덕의 틀 가운데 정의를 이미 사회적 덕으로 다루었다.(의무론, I,28 이하, PL 16,66-70. - 이 저서는 널리 알려져 있듯이 그리스도교 원리의 최초의 체계적 기획이다) 이와 유사하게 아우구스티누스(Augustinus)는 정의를 4개의 기본 덕 중 하나로서 정의했고 이것은 이를테면 각자에게 각자의 것이 주어져야 할 것을 요구한다고 했다.(자유의지론, I,90, CSEL 74,27 - 다른 곳에도 유사한 내용이 있다)

물론 이런 이교적 개념의 틀은 인간 사이의 덕인 정의를 위해서만 수용되었다. 엄밀하게 신학적인 논문에서는 이와 나란히 성경적 정의 개념이 특히 바오로에 의해 설명되고 발전되었다.(Ambrosius, 루카에 관하여 V,21, CSEL XXXII,187 ; Augustinus, 신국론 XXI,24, CSEL 40,2, 562) 이 사이에 '일반적인 정의'라는 (원래 이교적 - 철학적) 개념이 들어섰으며, 이것은 연결점으로서 보다 쉽게 응용되고 성경적 내용으로 채워지게 되었다.

이제 다양한 뉘앙스와 출처의 특징에 있어 정의 개념의 발전을 교부학과 중세의 역사를 관통하여 추척하는 것은 매우 매력적일 것이지만, 그런 역사적 연구는 체계화를 목표로 삼는 이런 작업의 영역 밖에 놓여 있다. 어쨌든 매우 다양한 출처의 요소들이 비교적 반성되지 않은 채로 그리스도교 전통의 정의 개념 안으로 흘러들어 왔다는 것이 분명하게 되었음직하다.

이것은 13세기에 토마스 아퀴나스가 방대한 체계로 아리스토텔레스를 수용한 이래 더했던 것으로 간주되었다. 이런 영향은 19세기와 20세기 후반기에 가톨릭 교회의 교도권에 의해 토마스의 철학과 신학에 거의 신앙의 구속력을 갖는 의미가 인정되면서 더욱 강화되었다. 따라서 사회적 문제에 대한 가톨릭 교회의 공식적인 교시는 최근에 이르기까지 계속하여 아리스토텔레스적-토마스적 개념을 응용했다.

우리는 그리스도교적인 도덕적 가르침 안의 정의 개념의 이러한 '그리스화'를 유감스럽게 생각하며 엄격하게 성경적인 사유로 돌아갈 것을 요구할 수 있을지 모른다. 그러나 다음의 내용이 숙고되어야 한다.

a) 도대체 초세기 그리스도인들에게는 어떤 양자택일이 주어져 있었는가? 우리가 '정의'를 아주 일반적 의미로, 도덕적 행위가 거기에 정향되고 법 안에서 그 반영된 표현을 발견하는 사회의 공동생활을 위한 버팀목 같은 규범적 주요이념으로 이해한다면 그리스-로마적 정의 이해는 초세기 교회에 변경할 수 없이 받아들여야만 하는 문화 공간에 미리 주어진 여건이었는데, 교회는 이러한 공간 안으로 자신의 교서를 선포했다. 교회가 사회 밖에 완전히 격리되어 있지 않으려면, 자신의 도덕적 가치 표상을 이런 기존 문화의 언어로 표현하려고 시도할 수 밖에 없었다. 사회적 의식은 아주 천천히만 변화될 수 있었다. 유력한 정의 이해의 개별적 내용은 성경적 전통의 빛 안에서 보다 쉽게 교정되어야 했음에도 사회 자체의 중심이 되는 기본 이념은 단시일 내에 변경될 수 없었다.

b) 그리스-로마적 정의 이해의 철학적 단초는 개념적 엄밀함, 명확함, 섬세함에서 성경적인 정의 이해를 능가했다. 이러한 철학적 단초는 인간 상호간의 평화로운 공동생활을 위한 현실적인 필수전제조건을 다양한 삶의 영역을 포괄하고, 그 때문에 필연적으로 비교적 엄밀하지 않은 성경적 정의 개념보다 더 정확하게 표현하였다. 초세기 교회는 왜 그리스철학의 통찰을 이용하지 않아야 했을까?

c) 성경적 정의 이해는 신정(神政)적으로, 즉 하나님에 의해 직접 설립되고 간택된 한 사회의 법만을 위한 기초로서 완전히 적합하다고 이해되었다. 그

런데 그리스도교적 이해에 따르면 '하느님의 공동체'는 더 이상 국가적 공동체가 아니라 오직 교회일 뿐이다. 교회와 국가, 정치적 권력과 세속적 권력 사이의 구별('두개의 칼' 이론)은 그 자체로 구약성경과는 반대로 정의와 법에 대한 신약성경적인 이해의 일부를 이룬다. 이런 구별은, 교황과 황제 사이의 중세적 권력투쟁에서 개별적으로 관할 영역의 경계를 정하는 모든 어려움에도 불구하고, 사회가 그리스도교적으로 되기까지 근본적으로 계속하여 고수되었다. 그리고 이로써 성경적인 정의 개념에 대하여 최초로 그리스도교적인 정의 개념의 확실한 '세속화'가 함께 이루어졌다.

d) 후대에 그리스 철학에서 유래하는 개념이 아무리 교회적 도덕 이론의 정의를(그리고 그 이상으로 서양의 전체 정신사를) 위한 틀을 넘겨주었다 해도, 교회는 단순히 이교적 정의 이해를 비판 없이 넘겨받지 않고 자신의 고유한 성경적 사상을 이러한 개념의 언어로 표현하려고 했는데, 부분적으로는 우세한 도덕적 관념과 격렬한 논쟁이 있었다. 이교적인 신들에 대한 신앙과 관련된 모든 것, 그리고 또한 당시의 어떤 성적인 방종, 향락(연극!), 탐욕과 폭음은 단호하게 거부되었다. 사회적 정의 이해와 결국 법 이해까지도 고유하게 변형하는 것은 주어진 전제 아래 오직 절차적으로만 이루어졌다. 예를 들면 우선 노예제도는 주어진 것으로서 받아들여졌다.(1코린 7,20 이하; 에페 6,5 이하; 골로 3,22 이하; 1티모 6,1; 필레; 1베드 2,18 이하) 그리고 세례 받은 모든 이가 같은 방식으로 신앙을 통하여 예수 그리스도 안에서 하느님의 자녀가 되었다는 신학적 사상(갈라 3,26 이하)은 역사적인 폭발력을 가졌고, 이는 여러 세기가 흐르면서 고대적 형태의 노예제도를 극복하고 이와 함께 또한 정의에 대한 의식을 변화시키는 데까지 이끌었다. 지배적인 사회적 정의 이해를 그리스도교적 정신으로 그렇게 가득 채우는 것은 물론 근본적으로 미완결된 과제로 남았다.

e) 하지만 그리스도교는 일정 정도 이교적인 정의 이해를 그 내용에 따라서만 수정하지 않았다. '본성적으로 정의로운'(φύσει δίκαιον)이라는 개념 자체가 새롭게 해석됨으로써 또한 근본적으로 변화되었다.

성경적인 창조 사상이 출발점의 역할을 했다. 그것에 따라 어떤 행위가 '의롭다'고 불려지는 사물과 인간의 자연적 본성에서 하느님의 창조계획이 알려질 수 있게 된다. 원래 세계이성으로서 존재의 질서를 규정하고 모든 사물을 주도하는 (비인격적) 전체 이성으로서 이해된 '영원법'(lex aeterna)이라는 스토아적 개념은 이제 '자연적 질서를 보존하라고 명령하고 파괴를 금지하는 하느님의 이성과 의지'로 파악된다.(Augustinus, Faustus 논박, XXⅡ, 27, CSEL XXV, 621)

이로써 의로운 행위는 창조주인 하느님에 대한 순종이 된다. 그러므로 정의는 '자연법'과의 일치로서 규정된다. 자연법은, 한편으로 표본적인 이데아가 하느님 안에 존재하듯이, 그것을 반영하고 다른 한편으로는 피조물의 자연본성으로부터 이성을 통하여 인식될 수 있다. 그밖에 이런 자연법 사상은 또한 명백한 성경적 단초에 연결될 수 있었다.(예를 들면 지혜서 13장과 로마서 2,12-16)

교부들과 위대한 신학자들에 의해 사변적인 사유의 작업으로 발전된 이런 정의 개념 안에는 한편으로 성경적 전통의, 다른 한편으로는 그리스-로마적 철학과 법 이론의 요소들이 새로운 종합을 이루면서 녹아 있다. 하느님에 의해 정초된 우주의 위대한 모습이 기획되고, 이 안에서 만물이 자연세계뿐만 아니라 사회에서도 각자의 위치를 갖는다. 이것은 주어진 전체적 사회질서에 큰 안정과 정당성을 부여한다. 사회 안의 개인에게 귀속되고 의로운 것의 내용 규정에도 결정적인 지위와 역할은 권리와 의무와 함께 그리스도교적 직업

윤리에서 직접적으로 하느님의 위임(委任)으로서 이해될 수 있었다.

이런 자연법적 단초는 – 예를 들면 하느님의 이성이 더 강조되었든(토마스 아퀴나스) 의무를 부여하고 하느님의 의지가 더 강조되었든(둔스 스코투스) 간에 개별적인 실행에 있어 모두 차이가 있는 경우에도 – 후속하는 전체 세기로부터 우리 시대에까지 이르는 가톨릭적 도덕철학과 법철학 및 법신학에 결정적이다. 자연법적 단초는 '법과 정의론'(De iure et iustitia)이라는 제목을 가진 수많은 논고에서 계속 발전하고 그때그때의 시대적 조건에 맞게 응용되었다. 그렇게 해서 구체적이면서도 신학적으로 근거지워진 그리스도인의 의무를 분명하게 표현하고 또 법질서의 정당화를 위해서도 사용할 수 있는 정의 이론을 발전시킬 수 있었다.

3. 가톨릭 윤리신학의 '정의'

통용되는 가톨릭 윤리신학 사전들에서 발견되듯이 정의라는 도덕적 덕에 관한 이러한 학설은 교회영역 밖에서도 자주 받아들여졌는데, 여기에서는 그 기본 특징만 요약한다.

정의로운 것은 두 명의 사적 개인의 관계를 조절하는 교환 정의(iustitia commutativa)의 경우에 가장 명백히 규정된다. 그것은 재화와 실적의 교환에 있어서 등가(等價)가 유지되고 어느 누구도 동의 내지는 상응하는 교환적 실적 없이는 남의 법의 영역을 침해하지 않을 것을 요구한다. 실적과 교환적 실적이 측정되는 척도는 일반적인 평가이다. 예를 들면 지나친 사적 이익의 추구, 절도, 남의 권리에 대한 일방적인 침해, 폭력 사용은 이런 의미의 정의에 위배된다. 이런 종류의 정의를 손상하는 자는 근본적으로 입힌 손해를 전적으로 배상할 의무가 있다.

사회의 한 구성원인 개인의 사회 전체에 대한 관계는 법적 정의나 일반적 정의(iustitia legalis vel generalis)를 통하여 조절된다. 이런 정의는 그것이 개인에 해당되는 한, 개인이 사회의 안녕을 위하여 내야 하는 실적, 예를 들면 법의 준수, 세금과 공과금의 납부, 또 사회생활의 형성을 위한 책임의 인수 등과 관계가 있다. 이 정의는 교환 정의처럼 실적과 교환적 실적의 척도에 따라 정확하게 규정되지는 않는다. 정의가 무엇을 위해 의무를 발생시키는지는 오히려 사회 안에서의 개인의 지위와 실적 능력에서, 관계적합성의 척도에 따른다. 이것을 손상할 경우에 완전한 권리회복의 의무는 없다.

마지막으로 분배 정의(iustitia distributiva)의 경우에는 사회가 개인에게 무엇을 빚지고 있느냐 하는 문제가 중요하다. 먼저 개인에게는 필수적인 개인의 권리가 귀속되며 이는 사회에 의해 보호되고 존중되어야 한다. 이 이상으로 개인은 적극적 원조의 형태로 사회를 통한 후원에 대한 요구와 개인이 당하는 특정의 손해에 대한 보상의 요구를 갖는다. 침해에 대한 형벌도 모든 이에 대하여 오직 같은 방식으로 부과되어야 한다. 이 경우에도 개별적 사건들의 고유성을 고려하는 비례적 동등함이 중요하다. 덕으로서의 분배 정의는 특히 전체 사회의 이름으로 개인과 단체를 위한 법의 보호대상과 법의 의무를 규정해야 하는 국가기관에 의무를 부여한다.

정의는 다음의 세 가지 특징을 통하여 다른 도덕적 덕과 구별된다.

a) 정의가 요구하는 바는 사리적으로 분명히 그 범위가 규정되어 있다. 다른 덕들(용기, 아량, 감사)은 어떤 사람이 정의를 자신의 소질에 따라 많거나 적게 실현할 수 있는 만큼 등급을 허용한다. 정의는 분명히 의무에 대한 한정된 정도를 부과한다.

b) 정의는 인간의 모든 재화, 또 진리, 충실, 명예와 같은 비물질적 재화와도 관계가 있는데, 특히 물권법(물질적 재화)에 해당된다.

c) 정의가 요구하는 외적 실적은 강요될 수 있다. 도덕적 태도로서의 개별적 덕들 – 정의의 덕 또한 – 이 외적인 강요를 통하여 초래될 수 없는 반면, 정의의 경우에는 특히 이것의 실현이 중요하다. 정의는 실현되어야 한다! 그러므로 정의의 실적을 자발적으로 낼 준비가 되어 있지 않은 사람은 그것을 위해 외적인 권력(경찰, 집달관, 정당방위)으로써 강제하는 것이 허용된다.

사랑은 정의를 능가한다. 사랑은 형편에 따라서는 중죄의 경우에도 의무를 부과하는데, 극심한 궁핍에 처한 이웃을 돕는 것이나, 법적인 요구를 포기하는 것이 그 예이다. 법과 그것의 도덕적 사용의 한계는 동일한 것이 아니다.(회칙 '새로운 사태' 47, 소유권 관련 내용) 그런데 정의는 세 가지 형태로 사회적 공동생활의 기본 골격을 묘사한다. 이 기본 골격은 각자가 자유롭게 그리고 간섭받지 않고서 자기 발전을 할 수 있는 특정 영역을 보장한다. 사랑은 그 이상으로 이웃에 대한 적극적인 관심을 말하는 것인데, 이를 통하여 사람들은 이웃의 관심사를 자신의 것으로 만든다. 사랑은 한계를 두지 않고 의무를 지운다.

이와 같이 요약하여 정의하면 '정의'는 '남의 권리를 존중하거나 각자에게 각자의 것을 주려는 의지의 지속적인 방향과 경향'이다. 그런데 '모든 법의 최고 규범은 하느님과 세계를 질서 있게 하는 그 분의 지혜에 있으며 자연법은 우선 그 분으로부터 유래한다!' 자연법은 객관적 의미로 "인간과 사회의 자연본성에서 결과로 생기며 공동선을 고려하여 사회의 외적인 공동생활을 조절하는 규범들의 총체"라고 정의된다.(Mausbach/Ermecke Ⅲ 402;404;412)

이 자연법의 존재에 대한 성경적 정당화로서는 특히 로마서 2장 14절 이하와 의로운 태도를 훈계하는 구약과 신약의 많은 구절을 참고하도록 주문된다. 율법의 계명을 포함하는 한 십계명의 요구는 내용적으로 자연법의 원리 및 그 최초의 연역과 일치한다. 그럼에도 이 요구는 계시가 없이도 인간과 사회의 자연본성에서 유래하는 자연적 이성의 빛으로써 인식될 수 있다. (Mausbach/Ermecke Ⅰ 111 ; Ⅲ 410 이하 ; 412 ; 413) 그러므로 하느님의 계시와 인간의 이성적 인식은 함께 작용하면서 정의가 요구하는 바에 대한 명백한 표현을 가능하게 한다.

4. 프로테스탄트 신학의 '정의'

가톨릭 전통의 자연법적 정의 개념에 있어서 성경적이며 철학적인 요소에서 유래하는 이 종합은, 이성적 인식의 관여가 중요성에 있어 훨씬 비중이 크다고 해도, 그 체계적인 정연함으로 사람들의 마음을 사로잡는다.(오히려 성경의 전거는 때로 장식과 같은 역할을 한다) 그리고 이 종합은 두 측면에서 파괴의 위험으로 위태롭게 된다. 즉 이성의 이름으로 신앙의 기초가 의문시되거나 계시 신앙의 이름으로 철학적 수행이 의문시되는 경우가 그렇다. 어떻게 이 사태가 전개되었는지는 여기서 간략하게 계속 추적되지 않으면 안 된다.

계몽주의에서 철학적 요소는 자립적이 된다. 이에 관해서는 아래에서 언급될 것이다.(Ⅴ.5 참조) 종교개혁에서는 교회적인 정의론을 역사적이고 철학적으로 추가된 것으로부터 순화시켜 성경적 사상에 대한 직접적 연결을 복원하려는 시도가 착수되었다. '성경만으로'(Sola Scriptura)라는 원리에 따라 하느님의 계시는 학설과 삶의 유일한 척도가 되어야 했다. 이런 프로그램의 단초에 의해 한편으로 자연법에 반대하는 프로테스탄트 신학의 지배적인 태도가, 다른 한편으로는 프로테스탄티즘 내부에서의 '정의'에 관한 다양한 이해가 설명된다. 이미 교부들, 특히 아우구스티누스에게서 발견되듯이, 마르틴 루터는 엄밀하게 신학적인 정의 개념과 세계내적이며 도덕적인 정의 개념 사이의 구별을 분명하게 파악한다.(위의 V.2 참조) 그는 복음적 정의(iustitia evangelica)와 시민적 정의(iustitia civilis)를 처음부터 구별했다. 이 경우에 시민적 정의는 다시 도덕적 및 정치적-법적 정의로 분류된다.(로마서에 대한 강의, 1515-16,WA 56 ; 삼중 정의에 대한 설교, 1518, WA 2,43-47 ; 이중 정의에 대한 설교, ebd, 143-152) 루터에 있어서 '정의'에 대한 반대 개념은 일반적으로 '죄'이다.

바오로에 의해 로마서에서 표현되듯이, 루터의 주안점은 은총에서 유래하는 인간의 하느님 앞에서의 의화와 관계가 있다. 이러한 의화만이 진정한 정의를 매개한다. 세계내적인 시민적 정의 - 루터는 이것도 분명히 파악한다 - 는 내용적으로 성경으로부터 직접 정당화되지는 않는다.("십계명은 유다인들에게 작센 법전과 같다") "하느님 나라의 왼편(Im "Reich Gottes zur Linken", 역주: 세속적 왕국)"에서는 '율법'이 지배하는데, 이것을 준수하는 것이 하느님 앞에서의 본래적인 정의를 보증하지는 않는다. 그리스도인들의 순종이 하느님께 돌려져야 할지라도 그렇다. 그 이유는 율법이란 악을 막고 인간적 법질서를 유지하기 위하여 하느님이 제정하였기 때문이다. 현세적인, 특히 정치적인 정의가 요구하는 바를 내용적으로 규정함에 있어서 루터는 결코 혁명적이지는 않았다. 그는 세속적인 직업도 하느님의 소명이라고 이해하며 가르치고 복음의 이름으로 세속적 공권력에 순종할 것을 명심하게 함으로써 오히려 현존하는 사회적 구조마저도 축성하는 셈이다.(『세속적 공권력에 관하여』, 1523, WA 11)

근본적으로는 초세기 교회까지 소급되지만, 루터의 두 왕국설에서 그 최고의 절정에 이르듯이 복음적 정의와 시민적 정의, 세속적 질서와 종교적 질서 사이의 구별과 함께 현대까지 프로테스탄트 신학이 취급하는 문제가 공식적으로 드러나게 되었다. '율법과 복음'이라는 표어 아래 세속 권력과 함께 세속적, 인간 사이의 정의를 신학적으로 정당화하기 위한 정향을 성경에서 얻어내려는 매우 다양한 시도들이 착수되었다. 동시에 전통적으로 아리스토텔레스 철학에 연결된 가톨릭 사상보다는 훨씬 자유롭고 얽매이지 않은 채 프로테스탄트 신학자들은 그런 매개의 매우 다양한 가능성을 여러 가지로 숙고할 수 있었다.

그러나 어떤 통일된 해결책이 관철되지는 않았다. 이미 종교개혁가 자신들은 인간 상호간의 정의에 관한 이해에 있어 상이한 견해를 주장했다. 20세기에 그 파급 범위는 창조 사상에 근거를 두고 가톨릭적인 자연법 사상에 근접해 있는 에밀 브룬너(Emil Brunner)의 정의론에서 시작하며 칼 바르트(Karl Barth)의 철저하게 성경적이며 그리스도 중심적인 법의 정당화까지 이르는데, 바르트에게 루터의 통치론은 이미 '자연적 이교의 신성화'를 의미한다.(Barth 1945, 11) 여기에서도 상이한 단초들을 개별적으로 묘사하는 것은 포기해야 한다.

5. 합리주의적 자연법 사상의 '정의'

인간 상호간의 영역에서 정의가 정당화되는 방식에 관해서는 견해가 심하게 엇갈린다. 그런데 다양한 사상의 단초들이 동일한 실천적 결론, 즉 정의는 각자에게 각자의 것을 주라고 하는 결론에 이른다면 신학적 논증이 도대체 무슨 도움이 될까? 이것이 단지 이성만으로 더 쉽고 직접적으로 정당화될까?

교회 분열에서 왕국의 세계관적 일치가 깨어졌고 종교 전쟁이 그것을 재건

할 수 없었다. 그런데 평화로운 공동생활을 위해 '정의'를 교파에 상관없이 모든 시민이 수용할 수 있는 방식으로 정의하는 것이 중요했다. 그러므로 프로테스탄트 신학의 토양 위에서 본래적인 출발점에 반대하여 신앙에 근거를 두는 직접적인 정당화를 포기한 정의론이 생겨난 것은 놀랄만한 것이 아니다. 17세기의 합리주의적 자연법에서 전통적 정의 개념의 철학적 요소가 완전히 관철되었다.

후고 그로티우스(Hugo Grotius)에 따르면 자연적 법은 이성의 계명인데, 이는 자연적 이성 자체와 일치 혹은 불일치로 말미암아 도덕적 추함이나 필연성이 어떤 행위에 내재한다는 것을 가리킨다. 하느님조차도 이런 자연법을 변경할 수 없다.(전쟁과 평화의 법, 1625,1.1.X) 정의와 관련되는 숙고는 하느님이 없을 것이라고 우리가 가정한다 해도 뿌리를 내릴 정도로 불가항력적인 것이다. 실로 자연법도 하느님의 자유의지에서 유래하지만 이 인간 존재가 있도록 하느님의 의지가 원했던 한에서만 그런 것이다.(같은 책, 서론, 11)

사무엘 푸펜도르프(Samuel Pufendorf)는 이런 단초를 진전시키면서 이런 방식으로 세속화한 자연법을 인간적 현존의 조건을 고려하는 가운데 경험적, 합리적 방식으로 인간적 본성의 사회적 규정에서 도출하면서 그것을 인간적 삶에 대한 모든 신학적 견해로부터 독립하게 했다. 이런 자연법은 여타의 신학적 숙고 없이 입법의 토대와 정당화로서 쓸모 있게 되고 매우 구체적인 개별 사항까지 내용적으로 규정할 수 있었다.(예를 들면 프로이센의 보통법에 있어서 Carl Gottlieb Svarez) 그 경우에 '정의'는 객관적 의미로 법과 이성법과의 일치를, 주관적 의미로는 이성의 숙고에서 도출된 법과 개인행위와의 일치를 의미한다.

이와 관련하여 근대적 정의 이해의 계속되는 발전에 대한 토마스 홉스(Thomas Hobbes)의 영향이 추가로 언급되어야 할 것이다. 홉스는 국가의 주권을 '만인에 대한 만인의 전쟁'을 극복할 필연성으로부터 근거지우려고 하면서 국가법에 – 우선 그것의 상세한 내용에서 독립하여 – 합리적인 도덕적 정당화와 의무의 효력을 부여했다. 그것에 따라서 정의에 대한 시민의 우선적 의무는 국가적 권위와 법에 대한 순종이다. 이로써 실증주의적인 정의 이해의 길이 준비되었다.

Ⅵ. 올바른 사회질서인 정의

19세기에 이르기까지 가톨릭 윤리신학과 합리주의적 법철학의 자연법 사상에서 '정의' 개념은 오늘날의 관점에서 놀라운 명백함을 지니고 있었다. '엄격한 정의로부터' 어떤 요구와 의무가 개인에게 귀속되는가는 고도의 정확성을 지닌 객관적 기준의 도움으로 사태를 합리적으로 분석함으로써 확인할 수 있게 하는 것처럼 보였다. 실정법이 법의 안정성과 자연법적으로 해결할 수 없는 의심의 사례를 조절하기 위하여 필요하다고 해도, 그것은 오직 자연법에 대한 추론이나 더욱 상세한 규정만을 표현할 뿐이다.

오늘날 우리가 자연법의 이름으로 명백한 논증으로써 유효하게 만들어지는 다양한 요구를 서로 저울질하고 실정법 일반 밖에서 정의를 규정하기 위한 명백한 기준을 발견하기는 어렵다. 어떤 변화가 정의 개념을 그렇게 다양하게 만들었는가?

변화는 사회를 실제적으로 건설하고 그것에 대해 이론적으로 성찰하는 데서 일어났다. 이런 변화는 슬로건처럼 정태적인 사회에서 동태적인 사회로의 이행으로 특정지어진다. 이로써 정의 문제의 중점은 주어진 사회질서 안에 있는 개인의 의로운 태도에 대한 질문에서 의로운 사회질서 자체에 대한 질문으로 이동한다.

1. 정태적 신분제 사회의 정의: '소유계급의 정의'

자연법 사상에서 바로 이 정의는 인간 본성이 모든 시대의 모든 민족에 있어 동일하게 있듯이, 인간의 추상적 본성을 통해서 뿐만 아니라 계급 분류와 이런 사회 안의 개인에게 귀속되는 역할의 분담을 지니고 미리 주어진, 따라서 '자연본성적으로' 간주되는 사회질서를 통해서도 규정되었다. 아리스토텔레스가 정치적 동물(ζῶον πολιτικόν)인 인간에 관하여 언급한 경우, 그에게는 아테네 시민의 모범이 머리에 떠오른 것이다. 이와 동시에 그는 물론 '자연 본성적으로' 노예이며 어떤 시민권도 갖지 않는 사람들을 알고 있었다. 분배 정의는 만인이 사회적 삶의 기회에 참여함에 있어서 동등함을 요구하지 않고 사회에서 차지하는 지위에 상응하게 그들을 '동등하게' 대우할 것을 요구한다.

최근까지 개인은 '본성상' 즉 출생, 주민 계층의 한 구성원, 사회적 권리와 의미에 대한 참으로 명백한 범위 규정을 지닌 직업군(조합) 혹은 계급을 통하여 규정되었다. 단지 예외적인 경우에만 이런 '신분'을 변경하여 보다 높은 사회적 지위로 상승하는 것이 가능했다.(사제 신분과 수도자 신분은 가톨릭 교회에서 그런 사회적 상승의 기회를 제공했다) 분배 정의에 대한 모든 철학적 성찰에 있어서 이런 사회적 질서는 '자연적인 것으로', 즉 당연하게 미리 주어진 것으로 간주되어 문제시되지 않았으며 심지어는 하느님의 창조 계획의 일부로서 이해되었다. 이런 질서는 '자연법'(lex naturalis)으로서 심지어 하느님 안에 있는 '영원법'(lex aeterna)으로부터 도출되었다. 그 안에서 다양한 구성원들에게 다양한 과제가 부여되는 '그리스도의 신비체'인 교회에 관한 성경적 사상(1코린 12,12-27)은 이런 정태적인 사회질서에 여전히 신학적 지지의 논거를 제공했다.

이렇게 해서 이미 주어진 조건 하의 경제 생활에서 재화의 '정당한 가격'을 상당히 정확하게 규정할 수 있었다. 그 이유는 가격에 포함된 임금은 일정한 한계 안에서 개별 직업군을 위해 사회적으로 확정된 '적절한 생계유지'에 정향되기 때문이다. 교환 정의는 매입과 매각에 있어서 이런 '정당한 가격'의 범위 안에서 유지할 것을 요구하는데, 물론 이런 가격은 결핍 상황에 대한 어느 정도의 변동의 여지를 내포한다. 타인의 곤경을 이용하는 것은 부당한 '폭리'로 간주되었다. 자신의 형편 이상으로, 즉 소비에 있어서 '신분에 걸맞은 생계유지'를 넘어가는 자는 도덕적 비난을 예견해야 했다. 더욱이 어떤 사정에서 자신의 신분에 걸맞은 생계유지에 상응하는 것보다 더 높은 수입이 주어지는 자는 이 '여분'의 일부를 자선으로 가난한 이들에게 제공할 도덕적 의무가 있었다.

정의 개념의 내용적 명백함은 실제적으로 신분 사회의 상황에 상응하는 많은 것을 '인간의 본성'이라는 개념 안으로 받아들인 데 기인한다. 이렇게 이해된 '정의' 개념은 사회의 기존 '자연적 질서'를 유지하는 것으로 방향이 정해져 있었다. 우리는 '보수적인 정의' 혹은 '소유계급의 정의'에 관하여 언급할 수 있을 것인데, 그 이유는 이 정의가 내용적으로 어떤 개인이 사회 안에서 취득한 신분과 소유에 의해 규정되기 때문이다. 이 경우에 '소유'는 경제적 재화에만 국한되지 않고 비물질적 권리, 명망, 정치적 영향도 포괄하는 것으로 이해되어야 한다.

2. 동태적 자유사회의 정의: '실적 정의'

신분에 따른 사회의 계층화는 산업혁명의 진행과정에서 생산 조건들이 변화했을 때 작동하기 시작했다. 동업조합이 차츰 해체되면서 이와 함께 임금과 가격은 시장에서 공급과 수요의 법칙을 통하여 조절되었고 더 이상 신분 정의의 규준에 따르는 직업질서를 통하여 조절되지 않았다. 사람들은 지방에서 도시로 일자리를 찾아와 몰려들었는데, 이 경우에 그들은 이제까지의 의존상태에서는 벗어났지만 비상시에 자신들을 도와주었던 사회질서 편입이라는 보호장치를 잃어버리게 되었다.

그리고 사회적 현실뿐 아니라 사회에 대한 이해도 근본적으로 변화되었다. 경제 자유주의 사회철학에서는 정태적인 사회질서 대신에 동태적으로 이해된 사회의 '자연적 질서', 이를테면 경쟁의 법칙을 통한 개별적 이익 관심의 조화라는 표상이 들어서게 되었다. 국가의 방해를 받지 않고 자기 자신의 사리를 추구할 가능성이 개인에게 주어진다면, 그것은 그 자체로 일반적인 복지에 이르게 한다. 이를 위한 전제조건은 명백하게 분배 정의의 이상에 정향된 국가 정책은 아니다. 국가는 독립적이고 불편부당한 법원을 통하여 권리, 특히 소유의 일반적인 보호를 보살피고 경쟁의 장애물을 제거하며 간섭하는 조치(예컨대 가격과 임금의 확정)를 삼가는 것으로 충분하다. '정의'라는 말은 예를 들면 사기나 폭력으로 타인을 억압해서는 안 된다는 개인적 태도와의 연관에서만 사용되기는 하지만 전체적인 사용에는 이상적으로 '올바른' 사회질서라는 본보기가 그 기초를 이루고 있다. 이런 본보기에 상응하는 '정의'만이 이제 '실적 정의'라고 이해된다. 어떤 출생신분에 속함이나 물려받은 특권이 개인이 자기 것으로서 요구할 수 있는 범위를 정하는 것이 아니라 개인적 업적이 사회 안에서 개인의 지위와 함께 권리와 의무를 규정한다.

아담 스미스는 이에 대한 유사 신학적인 정당화를 '보이지 않는 손'이라는 상징을 통하여 제공한다. 하느님이 중력의 법칙을 통하여 천체의 운행을 조종하는 것처럼 경쟁 안에서 사적 욕구의 법칙을 통하여 사회의 올바른 질서를 유지한다.

18세기에는 경제와 유사한 방식으로 정치에서도 '정의'에 관한 이해가 달라졌다. 프랑스 혁명은 만인의 자유와 평등에 관한 백과전서학파 사람들의 사상에서 출발하여, 모든 시민의 평등한 지위와 모든 특권 및 정치적 계급 구별의 폐지를 달성하려고 했다. '자유, 평등, 박애'라는 이념이 혁명 자체에서 불완전하게 실현되었다 해도, 이 이념은 올바른 정치적 질서인 민주주의에 관한 현대적 이해에 큰 영향을 미쳤다. 정치적 권력은 (늘 어떤 방식으로든지 간에) 국민의 동의에 기원을 두는 경우에만 정당한 것으로 간주된다. 자유주의적 법치국가는 모든 시민에게 확실한 기본권을 보증하며 권력행사를 특정의 헌법규범에 묶어둔다. 법 앞에서의 만인의 평등을 통하여 모든 시민에게 인격성의 자유로운 계발이 보증되어야 한다. 정치적 및 경제적 자유주의의 의미에서 '정의'는 개인적 자유공간의 보호를 뜻하고, 이 공간에서 개인은 자신의 삶을 타인의 자의(恣意)에 의해 방해 받지 않고 설계할 수 있다. 개인이 만인에게 평등한 법적 행동규칙을 훼손하지 않고(동료 인간을 이용하여서도) 어떤 지위를 쟁취하는지는 자신의 유능함과 업적에 달려 있고 언젠가 더욱 높은 정의의 이름으로 문제시될 수 없다.

3. 사회적 국가로 제도화된 사회의 정의: '기회 정의'와 '수요 정의'

봉건적 사회질서의 속박으로부터 개인의 이런 해방과 소득추구의 방임은 기계 생산의 새로운 기술적 가능성과 증가하는 분업과 함께 이전에는 상상할 수 없었던 경제적 호황으로 이끌었지만, 희망했던 최대 다수의 최대 행복이 아니라 인구 전체 계급의 궁핍을 초래했다. 옛 사회의 사슬에서 해방된 하층민들은 한층 더 견디기 힘든 경제적 의존으로 빠지게 되었다.

사람들이 노동자 계급의 '사회적 문제'에 있어서 자선이라는 전통적 원조로는 해결되지 않던 정의 문제가 중요하다는 것을 인식하기까지는 상당히 오랜 시간이 걸렸다. '사회적 정의'는 정의에 관한 토론의 주제가 되었다.

칼 마르크스는 가장 예리하고 영향력 있게 자유주의적, 자본주의적 경제 및 사회질서의 불의와 대결했다. 그는 '정의' 개념을 아주 드물게, 그리고 거의 빈정대며 논쟁적으로만 사용했는데(Dahrendorf 14), 그 이유는 그가 그것을 과거의 것에 속하는, 부르주아적 생산관계에 의해 규정된 이념으로 이해했기 때문이다. 그러나 사태 상으로 그의 전체 생애의 저술은 인간 본성에 상응하는 정의로운 사회질서에 대한 추구에 의해 각인되어 있다.

그의 사회분석은 전적으로 특수하고 매우 일방적이며 부분적으로는 시대에 따라 조건지어진 철학적 및 경제학적인 전제 위에 성립하고 그 자체 안에 닫힌 사유체계를 형성한다. 개별적 부분들은 이런 체계로부터 아주 어렵게만 빠져나올 수 있게 되므로 그의 추종자들에 의해 교조적으로(늘 일치된 것은 아니지만) 옹호됨과 동시에 적대자들에 의해 논쟁적인 극복의 대상이 되었다. 특히 그에 의해 함께 초래된 정치적 긴장에 직면해서 그렇다. 여기서는 낱낱이 토론될 수 없다. 하지만 몇 가지 기본사상은 취급되어야 한다. 왜냐하면 이들 사상의 영향을 배제하고서는 정의에 관한 현대적 토론이 전혀 이해되지 않기 때문이다.

마르크스의 사회 이해도 자연법 사상과 자유주의에 유사하게 포괄적인 '자연적 질서'에서 출발하는데, 이 질서는 각자에게 자신의 소속 계급에 상응하여 '자신의 것'으로서 나뉘는 바 (물론 국법적이 아니라 실제적으로)를 규정한다. 이런 자연적 질서는 유사 자연과학적인 법칙성과 필연성을 가진 변증법적 유물론 철학에 상응하고 비교적 사회화한 인간들의 의식과 양심으로부터 독립하여 작용한다. 이것은 하느님에 의해 기획된 것이 아니고 장기적 전망으로는 필연적으로 공산주의의 무계급 사회로 인도하는, 역사적 유물론의 원리에 따르는 물질의 발전에 근거하여 성립한다. 그러므로 이런 전제 아래서는 보다 큰 사회정의를 세우는 데 목표를 둔 조치들은 불필요하거나 엄격하게 생각하면 해롭기까지 하다. 왜냐하면 이런 조치들은 이와 같은 필연적인 역사적 발전을 저지하기 때문이다.

어떤 사람들은 역사적 유물 변증법을 믿지 않고 사회적 질서를 사회학적으로 정의에 관한 인간의 집단의식의 결과라고 믿어 영향받기 쉽고 변경될 수 있는 것으로 간주한다. 이들에게는 어떻게 '사회정의'가 보증될 수 있는가, 다시 말하면 어떤 집단에 애초부터 불이익을 주지 않는 사회질서, 최대한 만인을 위한 평등한 사회적 삶의 기회 보장이 어떻게 가능한가 하는 문제가 오늘날 정의의 중심문제로서 제기된다. 마르크스주의의 모든 형태를 혐오하는 사람도 현존하는 모든 사회적 및 경제적 질서가, 규범적인 정당화의 근거가 없이 한 편을 유리하게 하고 다른 편을 불리하게 하는 수많은 우연성에 의거한다는 것에 이의를 제기할 수 없다. 그와 같은 '구조적 불의'는 국가적 영역에서 모든 계급을 억압하고 – 법 앞에서의 형식적인 평등에 있어서 – 국제적 영역에서는 타민족에 의해 전체 민족의 착취에 이르게 하는 과격한 형태를 취할 수 있다.

우리는 '정의'가 전통적인 말의 뜻으로부터, 순수한 교환 정의의 의미에서 이성적으로 오직 한 사람의 다른 사람에 대한 태도에 의하여만 진술될 수 있고 그 자체로 도덕적 귀책의 능력이 전혀 없을 사회질서에 의해 진술될 수 없다(v. Hayek)고 주장함으로써 정의의 문제를 부정할 수 없다. 그 안에서 교환

이 이루어지는 국가적 및 사회적 범위는 어떤 자연적 소여가 아니라 인간 자신에 의해 함께 형성된 전제인데, 이 전제는 이러저러하게 달리 보일 수 있으며 교환에서 '같은 것'으로 간주될 수 있는 바도 이 전제에 의존한다. 그러므로 사회의 구조 자체는 그것이 인간의 삶의 기회에 영향을 미치는 대로 정의의 기준에 따라 평가되어야 한다.

그러므로 한 사회 안에서 '정의롭다'고 간주되는 바를 내용적으로 규정하는 것은 이 사회의 사회학적 구조, 특히 경제적 생산 조건에 의존한다는 마르크스에 의해 고안된 통찰은 고수되어야 한다. 조화를 이루고자 하는 정의에 대한 이해에 의해 자주 은폐되는 사회의 다양한 집단과 계급 사이에 존재하는 갈등에 대한 암시 또한 옳은 것이다. 그럼에도 변증법적 유물론의 철학적 단초에 의해 제한된 오직 경제적인 관점은 받아들일 수 없는 것이다. 이에 따르면 사회적 의식은 단지 물질적 생활토대의 엄격히 규정된 기능으로서 나타난다. 오히려 인간의 이성은 – 마르크스의 저서와 그의 역사적인 영향이 바로 그것을 보여주었다 – 그런 관계를 꿰뚫어 보고 발전을 의식형성과 목표로 설정된 정치적 조치를 통하여 원하는 방향으로 조종할 수 있다.

마르크스에 의해 매우 강조된 자본과 노동의 대립관계는 정의의 보다 일반적인 문제제기를 단순히 적용하는 경우로 밝혀졌다. 즉 동태적인 사회에서는 권력에 알맞게 자신을 관철시킬 수 없는 그런 집단들이 불리하게 될 위험에 처하게 되는 경향이 있다는 것이다. 계급투쟁, 즉 정당한 이익 관심을 옹호하기 위한 조직된 투쟁적 대결이라는 사상은 그 사이에 자본과 노동의 원천적 적대관계로부터 매우 다양한 사회적 갈등에 이르기까지 확장되었다. 노동 조합원들뿐만 아니라 농부와 의사, 학생과 여성, 산업 중산층과 공무원들은 조직적으로 단결하고 여론에 압력을 가함으로써 '불의한' 불이익 앞에서 자신들을 보호하려고 애썼다. 이 경우에 전략은 공통된 처지에 대한 의식의 형성,

이익 관심대리자의 교육, 공적인 관심의 환기(시위), 협력과 수동적 저항의 거부(스트라이크), 현행법에 대한 적극적이고 의식적인 침해로부터 폭력 사용까지 이르렀다.

그러므로 '정의'는, 우리가 개인에게 귀속되는 '자신의 것'에 대한 권리를 사회적 질서라는 기초부터 내용적으로 더욱 상세하게 규정하는 경우에, 어떤 종류의 평등이 이루어져야 하는가를 제시하는 경우에만 충분히 정의(定義)되는 것이다. 사람들은 실제로 불평등하게 태어나고 불평등한 소질과 능력을 갖추고 있으며 불평등한 교육과 양성을 거치고 불평등한 욕구와 삶의 목표를 발전시킨다. '정의'는 우리가 "많은 실적을 내는 사람에게 많은 것을 빚지거나 또한 거꾸로 많은 실적을 낼 수 있는 사람에게 많은 것을 요구하는 것"을 의미하는가?(Weber 505)

'사회정의'는 '각자에게 같은 것'을 의미할 수 없으므로 생활형편, 사회적 분배과정의 결과에 대한 완전한 평등을 의미할 수 없다. 그와 같은 평등을 내용적으로 정의하려는 시도는 인간의 다양함 때문에 이미 실패했고, 늘 정의되었듯이 그런 평등을 불러오려는 대표적인 방법은 더구나 발견되지 않는다. 그 밖에 그런 평등은 사회를 위한 충분한 실적을 내려는 개인의 모든 노력이 인정받지 못함과 동시에 그와 같은 실적에 대한 자극이 없어지는 한 다시 정의에 어긋날 것이다.

그러므로 '사회정의'는 기껏해야 개인은 자신의 실적을 통하여 삶에서 앞으로 나아가고 자신이 원하며 능력에 상응하는 사회적 지위를 얻을 가능성을 갖는다. 그런데 그런 완전한 '기회의 평등'도 출발점과 능력의 큰 차이, 평가기준 즉 출발 상황의 부정확함과 재분배를 실제로 수행하는 데서 오는 어려움에 직면하여 실현되지 않는다.

그러므로 '사회정의'를 재건하려는 시도는 그것을 통해 전체 집단과 계급이 중요한 생활의 재화로부터 차단되는 전적으로 특정한, 특히 극단적인 기회평등의 철폐에 국한되지 않으면 안 된다. 무엇이 그렇게 시정되어야 할 불평등으로 간주되어야 하는지, 그리고 어떤 조치로써 그런 시정이 뒤이어 발생하는지에 대해서는 정치적 합의가 이루어져야 한다.

따라서 '사회정의'를 이렇게 정의하는 시도는 늘 실적 정의와 연결되고, 그것은 이런 정의를 위하여 전제조건을 보장하고자 한다. 그런데 우리는 또한 인간들의 욕구에서 출발하여 '사회적 정의'를 특정의 물질적 및 비물질적 재화의 기본적 공급에 대한 만인의 평등한 요구로서 규정할 수 있는데, 각자는 인간존엄에 합당한 생활을 위하여 이들 재화를 필요로 한다. (소극적인) 자유주의적 자유권과 정치적 참여권을 넘어, (위의 Ⅵ 2 참조) 그리고 이 권리들을 실제로 행사할 수 있기 위한 조건으로서 모든 인간에게 몇몇의 기본적(적극적) 사회적 기본권이 인정된다. 벌써 1793년 프랑스 헌법에는 공공의 지원에 대한 가난한 사람들의 권리, 노동에 대한 개인의 권리 및 교육에 대한 만인의 권리가 선포되었는데, 물론 이런 '사회적 인권들'은 19세기에 더 이상의 의미를 획득하지 못했음직하다. 그러나 금세기에는 모든 시민에게 기본적 욕구에 대한 충족을 보증하거나 가능하게 하지 않는 사회적 질서는 결코 정의롭다고 간주될 수 없다는 의식이 계속 더 강하게 관철되었다. 많은 산업국가에서는 사회복지사업으로부터 필요시의 사회적 원조에 대한 권리 요구가 유래하게 되었다. 질병, 노동 불능, 실업에 대하여, 그리고 노인의 부양을 위하여 사회보장 체제가 발전되었고, 이를 통하여 특정의 생계 위험을 개인이 아니라 연대적 공동체가 책임지도록 대부분의 주민에 보증되어 있다. 교육체제는 일반적으로 의무가 있는 초등학교 입학을 위해서 뿐만 아니라 대학 공부에 이르기까지 기본적으로 모든 연학 지원자에게 무료와 마찬가지로 개방되어야 하며 또 고등교육으로 진입하는 실제적 평등은 국가적 원조를 통하여 이루어져야 한다. 그러므로 '사회적 정의'는 점점 더 '욕구(필요)의 정의'로서 이해된다. 사회는 모든 이에게 특정한, 기초적인 것으로 인정된 욕구의 충족을 보장한다.

4. 갈등 상태에 처한 다양한 정의 이해

'각자에게 각자의 것'으로서 이해된, 우선 명백하게 보이는 '정의'의 개념은 '각자의 것'에 대한 해석에 따라 '재산의 정의', '실적 정의' 및 '사회적 정의'로 나뉘었으며, 이들 정의는 다시 상이하게 '기회 정의' 혹은 '필요 정의'로서 이해될 수 있다. 이런 각각의 해석들은 훌륭한 논증들로써 정당화되지만 각기 다른 결과로 이끈다. 이것은 기본적으로 통용되는 것이어서, 늘 추가하여 등장하는 구분의 어려움 때문에 그런 것만은 아니다.

a) 여기에서 '재산의 정의'라고 불렸던 바는 사회 안에서 획득된 지위라는 의미에서 각자에게 각자의 것을 보장한다. 이 정의는 어떤 사람이 공적으로 인정된 규칙, 이전의 실적, 허락된 요구와 특권을 근거로 하여 주장할 수 있는 권리들을 통하여 범위가 규정된다. 이 정의는 각자의 현재의 태도나 개인적인 성질에 의존하지 않는다.

이 재산의 정의의 의미는 이것이 물려받은, 익숙한 정의의 의식에 상응하고 따라서 법안정성의 신뢰할 만한 질서를 세우는 데 있다. 사회 안에서의 사회적 공동생활에 있어서 사람들은 자신들의 기대에 실망하지 않기 위해 명백하고 한눈에 알아볼 수 있으며 일반적으로 인정된 규칙들을 지정받고 있다. 신뢰할 수 있는 공동생활의 그와 같은 규칙들은 유효한 실정법을 제공한다. 실정법이 이상적 정의의 요구를 충족시킬 수 없음에도 보통의 경우 송사(訟事)를 결정함에 있어 법의 안정성을 위해 모든 다른 숙고에 앞서 우위를 차지한다. 규범적 논증과 관련하여 더 많은 실적 정의나 사회적 정서를 위하여 무엇이 표명될 수 있는가는 최종적으로 유효한 법에서 그 표현을 발견하고 이런 의미에서 재산의 정의가 되어야 한다. 다른 한편, 특별히 훌륭한 논증으로 남이 획득한 재산을 침해하려는 모든 사람은 '정의'의 이름을 내세우는 관련자들의 분노에 찬 저항을 예상하여야 한다. 일단 허락된 권리는 좀처럼 환수하기 힘들다.

b) '실적 정의'의 관점을 철저하게 고려하기 위해서는 특히 다음과 같은 내용이 유효해야 한다. 즉 개인은 물려받은 법적 지위 때문에 자신의 소유가 된 것에 대해서보다는 안간힘을 다하여 획득한 것에 대해 훨씬 훌륭한 근거를 대어 요구할 수 있다. 그 밖에 개인적인 인생설계의 자유와 자신 및 가족에 대한 자체 책임이 도덕적으로 높고 중요한 가치이다. 마지막으로 실적 정의는 개인에게 사회가 얻기를 바라고 주문한 실적을 내며 욕구의 보다 나은 충족을 위한 새로운 방법을 발견하고, 그렇게 하여 타인들과의 경쟁에서 특히 경제적 및 정치적 영역에서 보편적인 발전을 추진할 자극을 주는 한, 공동선을 위하여 기여하는 것이다. 이로써 실적 원리 위에 증축된 사회는 보편적인 진보를 추진하고 개혁을 촉진하며 국가적 조정과 통치에 있어서, 경제에서 시장에 대하여, 정치에서 민주적 선택 절차(선거)에 대하여 최소한 시민들의 원의와 욕구를 고도의 유연성을 가지고 충족시키기 위하여 개인의 개별적 이기주의를 활용한다. 곧바로 사회적 가난을 극복하기 위해서는 실적 정의 위에 증축된 경제의 고도의 효율성이 경제적 재화를 동일하게 분배하는 것보다 더 중요하다고 논증하는 셈인데, 그 이유는 우선 어떤 것이 분배될 수 있기 전에 총체적으로 더 많이 생산되어야 하기 때문이다.

실적 정의는, 그것에 대해 균형을 잡는 반대 조치가 취해지지 않을 경우에,

그 자체로부터 사회의 현존하는 불평등을 줄이기보다는 오히려 확대한다는 점이 순수한 '실적 정의'의 개념에 대하여 비판적으로 언급되어야 한다. 개인적 실적으로 보이는 바는 자주 유리한 출발의 입지와 사회적 권력 위치의 결과일 뿐이다. 모델 이론적으로 순수한 추상에 있어서는 마르크스가 자본주의의 발전을 정확하게 분석적으로 예언했듯이 "큰 물고기가 작은 물고기를 잡아먹는다"는 사태에 이를 수밖에 없을 것이다. 이런 예단이 현실에 완전히는 상응하지 않는다는 것은 특히 순수한 실적 정의가 늘 일정한 기회 정의의 방향으로 조정된 것에 기인한다. 예를 들면 실적 능력에 따른 세금의 누진(累進)만으로도 그런 종류의 균등 조치가 이미 표현된 것이다.

더 나아가 실적 정의는 한 사람을 다른 사람의 경쟁자로 만들어 서로를 결합하지 않고 갈라서게 작용하는 경향이 있다. 어떤 이가 그것을 통하여 자신의 사회적 지위를 개선하는 모든 개인적 승진은 다른 이에게는 적어도 자신의 처지의 상대적인 악화를 의미한다. 기본적으로 근소한 윗자리를 둘러싼 경쟁은 매우 치열하여 이기적인 '만인에 대한 만인의 전쟁'으로 변질되고 연대성, 공동체의 보호, 생계보장을 파괴하고 만다. 경제(예를 들면 배제의 경쟁과 광고의 다수 형태)에 있어서 뿐만 아니라 정치적 생활(다수가 확보되지 못한 상태에서의 선거전) 및 교육제도(여유가 없는 대학 정원과 관련된 평균 성적만을 위한 학업)에 있어서 잘못된 발전이 주목되어야 한다. 결과적으로 더 이상 실적을 내야 하는 실질적인 과제가 아니라 경쟁자에 대한 자기주장이 우세하게 행위의 동기를 유발할 위험이 있고 이를 위해 실적을 내야 하는 과제에 의해 요구되고 의미가 충족될 것보다 더 많은 에너지가 사용된다. 그렇다면 각자는 '한계도덕'에 따라 겨우 도덕적이며 법적으로 허용된 것의 최하 한계를 유지할 수밖에 없다. 왜냐하면 각자는 그렇지 않을 경우에 뒷계단으로 내몰릴 것을 두려워하고, 법적인 강제를 통하여 대책이 마련되지 않는다면 이런 한계도덕은 점차적으로 지속하는 침몰의 위험과 함께 평균의 규범이 될 위험에 처하기 때문이다. 개인적 성과라는 익명의 법칙성에 따르는 순수하게 실적의 교환 위에 증축된 사회는 가장 심각하게 비인간적인 사회이다.

c) '실적 정의'가 인간의 개인적 특성에서 출발하고, 물론 동시에 또한 일정한 사회적 목표에 도달하기 위해 개인 자신의 고유한 운명을 위한 자유와 책임에 연계되어 있는 반면, '사회적 정의'의 두 가지 형태는 사회적 존재로서 인간의 본성을 고려한다. 인간으로서의 본질에 알맞은 만인의 평등, 연대적 결합, 상호의존을 토대로, 사회적 정의는 또한 만인의 외적 생활조건의 확실한 평등을 요구한다. 어쨌든 이 정의가 사회적이며 제도적인 규정에 의존하는 한 그렇다.

'기회 정의'가 오직 소극적으로 법적 및 사회적 차별, 사리적으로 정당화할 수 없는 사회적 지위에 대한 접근의 제한을 극복하는 것이라고 이해한다면, 그것의 가장 완전한 실현을 반대하는 근본적인 어떤 이론적 이의는 관철되지 않을 것이다. 이런 의미에서 '유엔의 인권에 관한 보편적 선언'의 제2항은 인종, 피부색, 성별, 언어, 종교, 정치적이거나 기타의 확신, 민족적 혹은 사회적 출신, 재산, 출생이나 기타의 처지에 따른 차별을 금지한다.

그러나 법적인 제한을 순수하게 형식적으로 폐지하는 것만으로는 실제적인 '기회 정의'가 실현될 수 없다. 법적인 지위의 평등에 있어서도 전통적인 사회적 차별(예, 유색인종과 여성에 대한 차별)은 존속할 수 있다. 그런데 차이가 있는 출발 조건을 조정하기 위한 적극적인 원조는 또한 부가적인 조치와 대체로 늘 이러저러한 방식으로 사회에 의해 조달되어야 하는 재정적 수단을 요구한다. 그러므로 차별받는 이들을 위한 모든 사회적 변화는 현존하는 소유상태에 개입한다. 경제적으로 성장한 사회에서 이런 영향은 성장에 대한 재분배가 실시되고 절대적 재산이 유지되며 재분배가 오직 사회의 상위계층을 상대적으로 불리한 위치에 놓이게 함으로써 자주 은폐된다. 그렇다면 소유 상태의 정의가 아니라 실적 정의만이 침해받는 셈이다. 그런데 이것은 극단적인 경우에는 실적을 통하여 더 높은 지위로 승진하기 위한 자극이 사라지는 결과를 초래한다. 그 이유는 실적이 극심한 사회적 부담과 연계되어 있어 노력이 더 이상 쓸모없게 보이기 때문이다. 그러나 이와 함께 사회적 전체 체재의 효율성이 떨어지고 총체적으로 분배할 것이 더 적어진다. 미국 경제학자들의 비유적인 언어로 표현하면, 사회정책은 늘 케이크를 더 크게 만드느냐 아니면 '더 정의롭게' 즉 균등하게 분배해야 하느냐 하는 양자택일 앞에 처해 있다.

그 밖의 난관으로서는 모든 사회적 재분배가 상당한 마찰의 손실과 함께 그것을 위해 요구되는 공공의 행정기구를 통하여 부담을 지게 되는 일이 추가로 발생한다. 예를 들면 조세제도가 실적 정의의 의미로 '더 정의롭게' 만들어질수록 더 복잡하게 되어 완전히 파악할 수 없는 지경에 이른다.

마지막으로 특정 집단에 제공된 모든 사회적 특혜는 다른 집단의 계속되는 요구를 초래하는데, 다른 집단이 비슷한 형편에서 정의의 이름으로 평등한 대우에 대한 요구를 제기할 수 있는 한 그렇다. 그런데 형편의 같음이나 다름에 대해서는 객관적 타당성을 지닌 판단이 내려지기가 지극히 어렵다.

d) '사회적 정의'를 '수요 정의'의 의미에서 실현하고자 하는 시도에서 동일한 어려움이 매우 강하게 발생한다. 부연하자면 어떤 사회에서 가장 긴급한 요구가 우선적으로 충족되어야 한다는 생각이 분명해진다. 이에 따라 특히 긴급상황에서는 각자에게 최소한 최저생계비가 제공되도록 빠듯한 재화가 분배되어야 할 터이다. 예를 들면 전쟁 시에는 자주 생활필수품 카드제를 도입함으로써 중노동자, 병자, 임산부와 젖먹이, 어머니를 위한 보조금으로

차등을 두어 동일한 요구에 상응하는 가운데 주민의 충분한 공급이 보장된다. 그러나 실제로 이것은 특정 재화에 한하며, 엄격한 국가적 감독 아래(암시장의 출현에 반대하는), 강력히 각인된 공동체의 감정에서 관철된다.

적극적 사회적 인권으로서의 요구가 실현될 수 있는 방법들이 동시에 제시되지 않는다면, 수요 정의의 이름으로 각자에게 이런 요구를 인정하는 것으로는 충분치 않다. 도대체 요구되는 재화들이 자유롭게 충분히 사용될 수 있기나 한 것인가? 수많은 개발도상국가들에서 상상할 수 없는 곤궁이 격렬하게 구제책을 요구하기는 하지만, 어쨌든 그것을 효과 있게 극복할 방법은 단기간에 알 수 있는 것이 아니다. 이들 국가에서 긴급히 요구된 재화의 균일한 분배조차도 곤궁을 줄일 뿐이지 아직 극복하지 못할 것이다. 그리고 국제적 정의의 질서는 아직 초기단계에 처해 있는데, 경제관계에 관해서만 그런 것은 아니다. 최소한 더 많은 기회의 정의는 이미 커다란 진보일 것이다. 국제적인 사회문제는 우리 시대의 커다란 도전이다.

그리고 부유한 산업 국가들에서도 아직 많은 궁핍상태가 있는데, 이는 수요의 정의를 고려하여 극복되어야 한다. 그런데 우리는 동일한 방식으로 특정 재화에 대한 요구를 각자에게 보장하려고 하는 경우에 극히 관철하기 어려운 난관에 부딪친다. 절대적인 최소생계비에 대한 사회적 보장체제와 관련된 권리요구가 고개를 들자마자 오용하는 요구(예를 들면 실업보험이나 질병 발생 시의 지속적인 임금지불)를 방지하기가 쉽지 않다. 왜냐하면 개인은 연대공동체가 자신에게 자유롭게 사용하도록 마련한 자금을 절약하여 소비하는 데 직접적인 관심을 갖지 않기 때문에, 수요의 원리에 증축된 분배제도는 낭비에 이르기까지 큰 비용이 들게 될 수 있고 아니면 매우 관료적이 될 수 있다.(예, 국민보건제도) 수요 정의가 얼마만큼 실현될 수 있는가는 사회 안에서 연대의식과 이웃에 대한 사회적 책임이 얼마만큼 발전되어 있느냐에 본질적으로 의존한다.

'정의'에 관한 개별적인 견해 사이의 긴장관계, 특히 '실적 정의'와 '수요 정의' 사이의 긴장관계는 단순히 포괄적인 정식을 통하여 해소되지 않으며 개별적 견해를 위한 일방적 결정으로는 더 해소되지 않는다. 소유 정의와 실적 정의에 대한 사회적 정의에 얼마만큼의 비중이 주어져야 하는가는 최종적으로 인간상에, 즉 사람들이 인간의 개별성과 사회성 사이의 관계를 어떻게 생각하느냐에 달려 있다. 이런 관계가 개별적으로 어떻게 규정되어야 하며 역사적 상황 안에서 어떤 구체적 결과들이 그로부터 나올 수 있는지에 대해서 견해 차이가 있는 것은 당연하다.

서양적 정의 사상의 긴 역사에도 불구하고 사회의 정의를 위한 기준에 대하여 체계적으로 언급하는 것은 아직 시초단계에 있다. '사회적 제도의 덕목'인 '정의'의 이론을 완벽하게 연구해 내려는 야심찬 시도는 최근에 롤즈(John Rawls)에 의해 이루어졌다. 그는 활기찬 토론을 불러일으켰으나 일반적인 동의를 얻지 못했다. 그는 보수진영에 의해 지나치게 '사회주의적'이라고, 마르크시스트 측에 의해서는 너무 '자유주의적'이라고 비판되었다. 적어도 그는 고전적 공리주의가 문제가 있다는 것을 지적하여 보여주었다. 공리주의는 이른바 '복지경제학'의 경제학자들에 의해 아직까지도 자주 지지되고 있는데, 그것에 따르면 '정의'는 일종의 단순한 총합 개념에 따르는 정치적 목표설정으로서, 즉 한 사회의 최대 다수의 최대 행복이라고 이해된다.

'정의'가 어떻게 정의되어야 하느냐는 기초적 질문에 대하여 충분한 해명이 없는 한, 정의를 실현해야 하는 실제적 정치는 우연이나 정치적 권력자들의 자의나 변화하는 정치적 다수의 의사에 맡겨져 있다. 이 주요 부문의 목표는 현대적 정의 개념의 다의성으로 이끄는 역사적 발전과 이유를 보여주고 정의의 정의(定義)에 대한 여러 가지로 가능한 단초의 윤곽을 그리는 것이었다.

Ⅶ. 그리스도교 신앙과 사회정의

이런 모든 숙고로부터 우리 시대의 '정의'에 관한 신학적 이해를 위한 결과들이 나올 수 있는가? 그리스도교 계시 신앙은 정의 문제에 대한 독자적이며 특수한 기여를 할 수 있는가? 이 세계에서 더 많은 정의를 실현하기 위해 교회의 구성원들인 그리스도인들에게 어떤 과제가 맡겨지는가?

1. 교회에 대한 도전인 사회정의

그리스도교가 그리스-로마의 문화세계에 진입한 경우와 비슷하게(위 V.2 참조) 교회는 오늘날 다시 그리스도교적 계시의 내용을 새로운, 변화한 세계의 언어와 사회적 현실 안으로 들어가 번역할 해석학적 과제에 직면해 있다. '정의'에 대한 질문이 그 자체로 제기되는 개념적 범위가 근본적으로 변화했음은 앞에서 역사적으로 자세히 서술되었을 것이다. 많은 가치가 있는 내용을 가지고 있다고 해도 전통의 대답은 더 이상 오늘날의 문제제기에 부합하지 않다. 이런 답변을 형식적으로 고집하고 그리스도교의 지나간 시대에 구속력 있는 것으로 간주되던 그런 정의의 의무를 이행하는 것으로만 만족하는 것은 복음이 바리사이적 유다교를 비난하게 만드는 그런 '율법의 정의'로 되돌아가는 것을 의미한다. 적지 않은 나라에서 그런 종류의 태도는 바로 스스로를 그리스도교적이며 교회에 충실하다고 이해한 영역에서 계속 퍼져 있다. 그런 태도는 그리스도인들이 전통적 자연법이론의 이름으로 '법과 질서'에 의해 다른 이들의 기본적 인권을 거부하고 더 많은 사회적 정의를 위해 투신하는 모든 이들을 '공산주의자'와 '마르크스주의자'로 의심하여 맞서 싸우는 결과를 초래한다.

그러나 동료 인간에 대한 구체적이며 도덕적인 잘못된 태도만이 그런 종류의 율법 중심의 경직성의 결과가 아니다. 이 경우에 그리스도교 신앙에 대한 이해 자체의 본질적 차원이 축소된다. 그리스도교 신앙은 그 핵심 내용에서 구약성경이 '정의', '평화', '해방' 등으로 에둘러 표현하는 구원의 때가 예수 그리스도 안에서 결정적이며 최종적으로 동트기 시작했다는 것을 말하고 있다. 예수 그리스도에 의해 선포된 '하느님의 나라'는 인간과 하느님의 화해뿐만 아니라 전체적(개인적, 사회적 및 우주적) 현실의 변화를, 특히 인간 상호간의 새로운 관계를 의미한다. 또한 신약성경에서 예수 안에서 시작된 구원의 때는 개인주의적인 개념에서가 아니라 뚜렷한 사회적 개념에서, 즉 '자유', '평화', '화해'로서 표현된 것은 우연이 아니다. 그리스도교에서는 오직 개인의 하느님께 대한 관계의 '사적인' 영역에서나 사후의 피안에서 전개되는 어떤 것이 중요하지 않고 이미 이 세계에서 경험할 수 있는 인간 간의 공동생활에 해당하는 바가 또한 중요하다. 하느님께 대한 사랑과 이웃 사랑에 관한 신약성경적 계명의 일치(루카 10,25-28)는 그리스도교 신앙의 수직적이며 수평적인 차원을 서로 떼어놓는 것을 금지한다.(Rahner, 1965 참조) 그리스도교 신앙은 오히려 이 세계의 전체 질서를 개조해야하고, 하고자 하며, 자체적 작용의 역사 안에서 그렇게 했는데, 이에 관해서 늘 분명히 성찰되지 않았고 이런 과정이 기본적으로 이 세계 시간의 종말까지 완결되지 않은 채 있다고 해도 그렇다. 그 이유는 하느님의 나라가 단지 천천히 죄(또한 교회 안의)에 대항하여 자신을 관철시켜야만 하기 때문이다.

그러므로 그리스도교 신앙은 인간 사이의 공동생활에서 더욱 완전한 정의와 사랑의 실현에 대립하는 모든 저항을 극복하는 가운데 자신을 입증해 보이는 힘이라고 역동적으로 이해되어야 한다. 또한 역사적 이유로 정치적 및 사회적 구조를 개조하기 위한 과제는 원시 그리스도교에서 실제로 주제가 되지 않았다. 그 이유는 이런 과제가 전적으로 가능한 행위의 지평 밖에 놓여 있었기 때문이다.(위 Ⅳ. 7 참조) 먼저 정치적 지배 요구가 유다적인 메시아의 기대에 상응했듯이 그런 요구에 대한 오해가 방지되지 않으면 안 되었다. 그러나 어떠한 지배적 입장들이 이미 '옳고', 즉 하느님의 구원 계획에 부합하고, 구원에 대한 기대를 성취한다는 성경적 의미로 '정의로운' 것이라는 생각, 그리고 그 때문에 그리스도인들이 자기만족에 빠져 일상적인 의무를 이행함으로써 이미 신앙의 요구를 대체로 만족시켰다는 의식 안에서 현세에 적응할 수 있을 거라는 생각은 초기 그리스도인들에게 매우 동떨어진 것이었다.

더욱이 조화를 이룬 공동생활에 대한 요구는 명백한 법질서와 정의의 질서를 필요하게 했다. 그래서 교부들은 그들 문화의 기존 정의 개념을 이런 그리스도교적 구원의 원동력의 방향으로 변형하고자 했는데, 물론 이것은 그 당시에 가능하다고 생각되었던 한에서 그렇다. 이것은 사랑과 평화의 종말론적인 공동체 질서에 대한 그리스도교적 유토피아와 기존의 관계들 사이의 모종의 타협을 의미한다. 권리와 의무 분배의 불평등함을 지닌 사회적 계층화는 자연적으로, 하느님이 원하신 것으로, 따라서 정의에 모순되지 않는 것으로 간주되었다. 사람들은 그리스도교적 형제 관계와 하느님 앞에서의 평등의 정신에서 권력자들과 부자들에게 약자들과 가난한 이들에 대해 '사랑'하도록, 즉 고려하고 자선을 베풀며 배려하도록 더 많은 의무를 부여했다.(이 책의 93-145쪽, '가난과 부유'의 기고문을 참조) 교회 공동체 안에서의 이런 연대(Solidarität)는 일반적으로 사회적 차별을 한층 더 참을 수 있게 만들었다.

현대 사회에서는 계층적 불평등의 정당화뿐만 아니라 하부계층의 그리스도교적 연대 질서 안으로의 사회적 편입도 없어졌다. 개인의 부유와 궁핍은 전보다는 훨씬 강하게 자신의 문제가 되었다. 그런데 무엇이 인간들을 아직도 연결해 놓는가? 상호간의 이기주의적 실적 경쟁, 상호적대적인 이기주의적 계급투쟁, 즉 자유주의적 이상도 마르크스주의적 이상도 인간들을 연대하게 하는 정의로운 사회질서에 대한 그리스도교적 표상에 부합하지 않다.

이로써 인간 상호간의 사랑과 연대라는 사상에 의무를 지고 있음을 아는 교회는 바로 약자, 가난한 이, 불이익을 당한 사람들에게 진정하고 최고로 가능한 평등한 삶의 기회가 보장되도록 이교적으로 되어 버린 정의의 표상을 다시 변형할 과제 앞에 서 있다. 모든 집단과 계급 및 민족들의 운명이 의존하는 사회적 구조가 인간들의 공동책임에 맡겨진다는 것이 확실해진 이후에, 더 큰 사회적 정의를 위한 투신은(기회 정의 및 수요 정의라는 의미로) 사회적인 것, 즉 사회적 구조의 영역을 향한 이웃 사랑을 의미한다. 이 경우에 개인적 이웃 사랑, 즉 구호가 필요한 사람에 대한 개인적 배려는 물론 앞으로도 계속 대체할 수 없는 것이다.

물론 교회 자체는 이런 사회적 정의의 실현을 위하여 현세적 영역에서 간접적인 기여를 할 수 있을 것이다. 중세에도 정의의 요구를 권력에 합당하게 관철하는 것은 교회의 사안이 아니라 '현세적 권력', 즉 국가의 소관사였다. 직접적 정치권력의 행사는 교회의 파견 임무에 부합하지 않는다. 여기서 교회는 이따금 비상시에, 다른 사회제도들이 실패하는 경우에 오직 대리자 역할을 하면서 나설 수 있다. 교회는 자율적인 자체 법칙성을 지닌 복합적인 현세적 현실에 대한 상세한 지식을 전제하는 구체적인 정치적 결정에 대한 권한을 그것을 책임지고 있는 사람들에게 위임해야 한다.

그러나 교회의 구성원들은 시민으로서 이런 현세적 영역을 복음 정신으로써 관통하고 더 많은 사회적 정의를 향한 자신의 영향을 유효하게 만들도록 촉구된다. 바로 민주국가에서 이에 대한 직접적인 정치적 의지 형성의 다양한 가능성이 제공된다.

2. 교회의 가르침에 있어서 사회적 정의

교회는 가르침의 이론적 길과 삶의 실천적 길이라는 이중의 방식으로 정의 문제의 해결에 기여할 수 있다. 두 가지 방식은 서로 밀접하게 연결되어 있다. 그 이유는 이 가르침이 한편으로 삶의 경험으로부터만 그 현실 관련성과 확신의 힘을 얻고 다른 한편으로 삶은 본래적으로 그리스도교적 목표를 잃지 않기 위해 신앙의 가르침에 방향을 두어야 하기 때문이다.

교회는 1,500년에 걸쳐 자체의 자연법 이론에서 그 특징이 일치하는 개념을 갖고 있었는데, 이를 통하여 정의에 대한 도덕적 의무가 비교적 분명하게 그리고 시대의 요구에 부합하는 것으로 규정되었다. 교회의 교도권의 진술 안에서 전통과 연속성이 차지하는 높은 비중과 관련하여,(Kerber 1980 참조) 19세기의 사회문제와 함께 이제까지의 정의 이해에 대해 불가피하게 숙고하도록 하는 새로운 상황이 발생했다는 통찰이 교회 안에서 천천히 관철될 수 있었던 것은 놀랄 만한 일이 아니다.

사회회칙 '새로운 사태'(Rerum Novarum, 역주: 레오 13세가 1891년에 발표한

회칙으로 '노동현장'이라 불림)는 가톨릭 사상에서 돌파구를 마련했는데, 이는 개인적 도덕의 영역을 넘어서는 새로운 사회윤리적 문제가 등장했다는 사실과, 그래서 사회적 질서구조 자체와 그 안에서 그리스도인들의 개인적 행위도 정의의 기준에 따라 판단되어야 한다는 일반적인 자각이 생긴 한에서 그런 것이다. 그 이후 교회의 교도권은 회칙, 교황의 식사(式辭)와 사목서한에서 사회적 책임이 필수적으로 이 세계 안의 그리스도인으로서, 그리스도인들에게 속한다는 것을 지적하여 신자들에게 알려 주었다. 교회는 정치적 및 법률적인 지배권 행사를 통해서가 아니라 인간의 내적인 양심에 영향을 미침으로써 또한 사회적 삶을 – 다양한 전문분야의 고유성을 침해하지 않으면서 – 설계하고 형성하는 것을 자체의 가장 고유한 영역으로 간주한다. 사회적 정의의 요구에 대해 인간의 양심을 환기시키려고 노력함에 있어 교회의 교계제도는 늘 함부로 정치적 지배요구를 관철하려고 한다는 비난에 맞서 스스로를 옹호하지 않으면 안 되었다. 그러므로 교회는 '적절한 수단도 갖지 않고 사명도 갖지 않은 기술적인 종류의 문제에 있어서'는 자체의 권위를 관철할 수 없고 도덕법과 관계가 있는 모든 사안에서만 그것을 관철할 수 있다는 것을 강조했다.(회칙 '사십주년' 41항, 역주: '새로운 사태'의 발표 40주년을 기념하는 비오 11세의 회칙)

특히 가톨릭의 사회교리에 관해서는 풍부한 문헌이 있으므로(예를 들면 Calvez / Perrin ; v.Nell-Breuning 1972, 1980 ; Kerber 1978 ; Pfürtner / Heierle 참조 ; 또한 가톨릭의 사회교리에 대한 텍스트를 참조) 개별적으로 묘사하는 것은 취급범위를 지나치게 넘어서는 일일 것이다. 지난 90년간 현대적 정의에 관한 문제제기에서는 국가와 사회에 있어서 기존의 그리고 하느님이 원하신 자연질서에 대한 일시적인 방해가 아니라 공동으로 해결해야 할 인류의 형성의 과제가 중요하다는 의식이 관철되었다. 예를 들면 회칙 '사십주년'(1931)은

'사회적 질서, 이 질서의 재건과 복음의 구원계획에 따른 완성'이라는 표제를 지닌 반면, 회칙 '어머니요 교사'(1961, 역주: 요한 23세의 사회회칙)는 훨씬 더 조심스럽게 '사회적 삶의 최근의 발전과 그리스도교적 교시 안에서의 계획'을 취급하려는 것을 주제로서 제시한다. '자연법'이라는 말과 사상은 바오로 6세의 서거 때까지(1978) 교회의 성명에서 주된 역할을 했으나, 회칙 '지상의 평화'(1963, 역주: 요한 23세의 회칙)에서는 1948년 '유엔의 보편적 인권 선언'에 의해 정식화되었듯이, 인권이 '자연법'으로서 수용되어 본질적으로 확장된 점에서 약간의 내용적 변형을 겪었다. 동시에 대다수의 실정법적인 기본권(수요 정의라는 의미에서)이 인간의 '자연권'으로 지칭되었다. 요한 바오로 2세는 그의 수많은 식사에서 특히 개발도상국들에서 이런 노선을 계속 지켰고, '자연법'에 관한 언급은 하지 않은 채 거의 '인권'에 관해서만 언급했다. 반면 과거 교회의 교도권은 인권사상을 매우 신중하게 대하였다.(Höffe 참조) '민족들의 발전'이 부유한 나라의 과잉에 기인하는 개발 원조의 문제일 뿐만 아니라 국제적 정의의 문제라는 것은 이미 바오로 6세가 강조하여 지적했고, 요한 바오로 2세는 이런 사상을 거듭하여 강조할 기회를 놓치지 않았다. 그 밖에 사목헌장인 '기쁨과 희망'(Gaudium et Spes, 1965)이 가장 격렬하게 토론되었을 뿐만 아니라 매우 방대한 제2차 바티칸 공의회의 전체 문헌, 즉 현대 교회의 정의 이론을 집약하여 표현하려고 시도했다는 것은 우연한 일이 아니다. 그러므로 이미 지적되었듯이 스콜라적 자연법이론이 보수적이며 거의 반동적인 태도를 장려했음에도 불구하고, 변혁이 성공한 후에 교도권이 다시 (변화된) 자연법의 이름으로 새로운 여건에 순응하기 위해 사회개혁이 관철되기까지는 개혁하려는 노력에 맞서 늘 기존의 상태를 옹호했다는 도매금의 비난(Knoll 참조)은 과장된 것으로 논박되어야 할 것이다.

체계적으로 완벽을 기하기 위해서 '사회적 정의' 개념은 가톨릭 사회이론의 대표자들에 있어서 일치된 해석을 발견하지 못했다는 것이 또한 추가로 언급되어야 한다. 이 개념은 19세기가 진행하는 가운데 등장했고(먼저 Luigi Taparelli; 1840 그리고 Antonio Rosmini; 1844) 후에 프랑스에서 그리고 독일 저술가들에 있어서도 일반적인 관용적 언어가 되었다. 이 개념은 비교적 숙고되지 않은 채로 마침내 교도권에 의해 받아들여졌다. 이와 함께 이미 전통적으로 알려진 정의를 위한 새로운 작명(作名)이 중요한지 혹은 지금까지 아직 파악되지 않은 도덕적 요구가 분명하게 되어야 하는지 하는 체계적인 질문이 제기된다.

이런 사회적 정의의 개념을 규정하려는 수 많은 시도는 여기에서 간략하게 소개될 수 없다.(Messner ; Schilling ; Kleinhappl ; Schrattenholzer ; Heinen ; Höffner ; Schuster ; v. Nell-Breuning, 1954 ; Giers 1957, 1976 ; Vonlanthen 참조) 사회적 정의와 법적 정의의 동일시 혹은 법적 정의와 분배적 정의의 통합, 전통적인 삼분법의 범위 안에서의 역동적인 원리로서 특징지움, 중간에 위치한 사회적 집단 상호간의 관계로 이해된 정의 혹은 전적으로 전통적인 국법의 상위에 위치한 정의 등 다양한 방법이 채택되었다.

이런 관련에서 현대 세계의 사회적 문제를 규정하기 위해서는 전통적 정의 개념이 불충분하다는 것을 교회가 깨달았다는 사실만이 결정적인 것이다. '사회적 정의'는 이런 저런 방식으로 능숙하게 전통적이며 체계적인 삼분법 안으로 편입된다. 그런데 이 경우에 '사회적 정의'가 입법자의 덕으로서나 또 시민의 덕으로서도 이해되지 않아야 한다는 점이 간과된다. 왜냐하면 정의가 입법자에 의해 혹은 개별적 시민에 의해서만은 전혀 실현될 수 없고, 어떤 사회적 상태를 뜻하기 때문이다. 이 상태를 실현하기 위해 모든 사람이 이런 저런 방식으로 기여해야 하고 이 사회적 상태는 공동으로 사회적 의식의 변화를 통해서만 이룩될 수 있다.

3. 교회의 삶에 있어서 사회적 정의

그리스도교 신앙은 단순한 이론적 학설 이상의 것이며 성령이 약속된 교회는 신자들이 오직 순명하고 감사하며 그로부터 그리스도교적 삶을 위한 지침을 받아들여야 할 단순히 교계적인 교도권과 사제직 이상의 것이다. 현대 사회에서 정의가 요구하는 바는 불의의 세계에서 살 수 밖에 없고 복음의 소식에서 그리스도교적 삶을 위한 정향을 추구하는 당사자들에 의해 가장 직접적으로 경험된다.

어쨌든 특히 라틴 아메리카의 개발도상의 가톨릭 국가들에서는 비교적 전통적 가톨릭 사회이론에서 독립하여 말하자면 밑으로부터, 사회적 현실의 직접적인 경험에서 정의에 관한 성경적 메시지를 해석학적으로 풀이하려고 애쓰는 교회 안의 운동이 일어났다. 이 운동은 그리스도교 신앙의 지평에서 비판적으로 수행된 실천에 대한 성찰이고자 했고 현실에 대한 분석－신학적 성찰－사목적 성과를 위한 전망의 삼단계로 진전되었다. 그러므로 추상적으로 연구하여 파악되고 종합적으로 다루어 체계화된 이론이 시초에 있지 않고 대다수 주민들에 대한 억압의 경험이 그리스도교적 이웃 사랑에 효력을 갈망하는 활기를 준다. 그들의 침묵의 문화와 더불어 착취당한 민중계급들을 발견하는 것은 보다 정의롭고 형제적인 사회를 추구하게 한다. 이런 경험에서 성경의 텍스트는 새로운 특징을 얻게 된다. 이 경우에 부자와 명망가들의 반대편에선 가난한 이들, 사회적으로 멸시 받은 자들, 단순한 '세상의 민중'에 대한 예수님의 편애, 또한 구약성경에서 에집트와 바빌론의 포로 생활로부터 이스라엘 백성의 해방은 본래의 사회적 상황을 해석하기 위한 주제가 되었다.(Boff, in:Rahner 1980, 46－61 참조)

그리고 교회에 관한 이해의 변화도 이와 결부되어 있다. 사람들은 예루살렘의 원시 공동체와 유사하게 바닥공동체에서 공동기도와 성경의 묵상을 통하여 기존 상황에 대한 하느님의 뜻을 발견하고 상호간에 역량을 보태려고 했다. 그뿐만 아니라 일상의 과제를 위해서도 공동의 정치적 및 사회적 관심을 줄기차게 추구하기에 이르기까지 그리스도교적 형제애의 진정한 생활 공동체를 형성하려고 노력했다. '민중의 교회'가 되는 것은 또한 교계제도의 일부에 의해 선포된 이상이었다. 이와 함께 불의의 경험을 지닌 성직자도 가난한 이들의 삶을 공유하도록 촉구되었다.

'해방신학'의 다양한 형태는 이런 그리스도교적 신앙의 경험을 성찰하고 의식적으로 복음에 의해 더 많은 정의를 추구하는 것, 그리고 인간적 세계를 위한 투쟁을 자신의 과제로 살고자 했는데, 이런 과제 안에서 형제다운 태도는 별로 어려운 일이 아닌 것이다. 인문과학과 특히 사회과학 분야에서 우리는 불의의 원인을 찾아내고 대안적 모델을 발전시키게 하는 분석적인 도구 전체를 발견한다고 믿는다. 그러나 세계 역사와 구원의 역사의 관계도 신학적으로 성찰된다. 이 경우에 물론 자립적인, 구세계에 의존하지 않는, 라틴 아메리카의 관계에 부합하는 신앙에 관한 이해를 획득하기 위한 노력도 감지할 수 있다.

물론 완결된 체계라기보다는 오히려 정신적 운동을 나타내는 '해방신학'의 다양한 형태는 유럽과 라틴 아메리카 일부에서도 거듭 회의적인 유보에 부딪쳐서 격렬한 반대에 이르게 되었다. 바티칸에서도 경고하는 발언이 나왔다.(Lehmann 참조) 수많은 비판적 이의가 제기된 것은 의심의 여지가 없다.

a) 우리가 신·구약성경에 있는 하느님 백성의 정의 경험을 교회의 교의 전통의 매개 없이 추체험하고 그로부터 행위를 위한 정향을 얻으려고 한다면, 현재의 조건에 더 이상 부합하지 않는 환상적인 이상에 몰두할 위험성이 있

지는 않을까? 사회학적으로 정향된 철학자들은 '정의'가 원시적인, 위계적인 그리고 현대적이며, 익명의 시장에 집중된 사회에서 전적으로 다양하게 이해될 수밖에 없다는 것을 지적했다.(Miller 253-299) 그런데 해방신학자들은 사회학적 성찰이 필요함을 알고 있었고 초시간적 내용을 시간에 제약된 비유적 표현과 구별하기 위한 해석학적 어려움이 민중의 삶을 하느님의 말씀에 따라 설계하려는 모든 시도에서 나타났다.

b) 해방신학자들이 현실을 분석하기 위해 사용하는 철학적, 사회과학적 전체 도구는 얼마나 믿을 만한가? 실제로 토론은 그 정도에 있어서 사회분석의 마르크스적 방법이 수용될 수 있는 넓은 공간을 받아들인다. 개별적인 그리스도교 집단에 마르크스주의가 침투할 위험성은 간과되지 않아야 한다. 여기서 철학적 체계나 개별 학문적 연구 결과가 신앙진리의 해석을 위해 응용되는 경우에 늘 그렇듯이, 비판적인 식별능력이 요구된다. 그런데 이런 사정은 과거의 철학과 학문적 '세계상'에도 마찬가지로 해당된다.

c) 사람들은 사회적, 특히 경제적 정의를 위한 투신을 지나치게 강조한다는 이유로 해방신학자들이 편파적으로 그리스도교적 복음에 대해 '수평적으로' 이해한다고 비난한다. 문제는, 지난 수백 년간의 그리스도교 신앙이 지나치게 편파적으로 '수직적이며' '사사롭게' 이해되어 사회를 변혁하는 역동성을 제한하지 않았나 하는 점이다.

d) 그리스도교적 민중의 생활경험에 근거하는 '아래로부터' 그리스도교 신앙을 해석하는 교회에 관한 이해도 새롭고 생소하다. 그러나 역사적으로 교회 내의 성과 있는 많은 쇄신운동은 밑으로부터 출발하여 겨우 천천히 교회

지도부의 모종의 저항에 맞서 성공하지 않으면 안 되었다. 최종적으로는 교회가 창립자인 예수 그리스도의 의지에 충실하고, 자신의 파견 사명을 가장 잘 수행하는 데에 적합하고 정의와 사랑 안에서 형제다운 태도를 용이하게 하는 지역적 공동생활의 새로운 형태를 늘 발견하는지 그렇지 않은지가 결정적으로 중요하다.

전체 대륙의 교회는 복음에 따르는 삶을 통하여 엄청난 불의를 극복하기 위해 어떻게 기여할 수 있는가를 불안한 상태에서 아직도 찾고 있다. 푸에블라에서 개최된 라틴 아메리카의 제3차 주교총회의 문헌(라틴아메리카의 복음화, 1979)은 이를 위한 틀을 만들고 방향을 제시하려고 했다.

특히 부유한 산업국가의 세계교회에 제기된 것은 자신이 선포하는 정의와 사랑에 대한 증언을 하기 위해 자신의 고유한 제도적 설정과 삶의 형태가 얼마만큼 적합한지의 문제이다. 이에 상응하여 국가 헌법에서는 이미 오래 전에 당연한 것으로 되었고 고위 당국(권위)에 대하여 개인의 자유공간을 보호하는 그런 주관적 기본권이 최소한도로 교회법에 명문화되어 있는가? 엄격한 신학적 근거에서 제한되어야 하지 않는 한, 교회 공동체를 건설하기 위한 진정한 공동 활동권은 어떤 형편에 있는가? 교회 안에서 평신도의 권리, 여성의 권리는 어떠한가, 절차법은 어떠한가? 위계적으로 계층화된 사회질서에서 유래하는 '교회의 조직구조의 신성화'(Kaufmann)는 자주 현대인의 정의 의식으로부터 교회를 소원하게 만들지는 않는가? 또한 '교회 안의 인권'이라는 주제(Neumann ; Pilters/Walf)가 아직도 심각하게 토론해야 하는 문제로 간주되는 한, 더 많은 정의를 위한 교회의 투신은 많은 사람들의 눈에는 정말 믿음직하게 보이지는 않는다.

그러므로 아마 가장 설득력 있는 최초의 교회문헌인 '세계 안의 정의'라는 주제에 관하여 1971년의 로마 주교 시노드는 다음과 같이 확언한다. "늘 사람들에게 감히 정의에 관해 말하는 사람은 누구나 먼저 다른 사람들 눈에 정의롭게 보여야 한다. 그러므로 교회 안에서 우리 자신의 행동규범, 재산, 생활양식을 검토해야 한다."(세계 정의, nr.41) 시노드는 이로부터 교회 자체에 대한 다수의 아주 구체적인 정의의 요구를 이끌어 냈는데, 이는 아직까지 충분히는 실현되어 있지 않다.

'사회적 정의'는 경제적 불평등과 가난의 극복뿐만 아니라 모든 영역에서 모든 인간의 동등한 존엄성을 포괄적이고 효력 있게 인정하는 것을 의미한다. 그럼에도 현대 세계의 경제적 문제들은 인류의 양심에 대한 특별한 도전을 의미한다. 그러므로 이 책의 '가난과 부유'라는 문제 범위는 독자적인 논문에서 신학적인 관점으로 다루어져야 한다. 이 경우에 앞의 논문에서 취급된 사상과 약간의 중복이 불가피하다.

그리고 현대 경제생활에 대한 더욱 구체적인 문제들은 국민경제적인 복합적 관계에 대한 철저한 전문지식을 요구한다. 그러므로 경제학자가 작성한 기타의 논문이 다른 측면에서 경제와 도덕 사이의 교량을 보충해야 한다.

발터 케르버

참고문헌(Literatur)

K. Barth, Eine Schweizer Stimme (Zollikon-Zürich 1945)

K. Barth, Rechtfertigung und Recht (Zollikon-Zürich 1938)

K. Berger, Neues Material zur "Gerechtigkeit Gottes", in: Zeitschrift für die neutestamentliche Wissenschaft 68 (1977) 266-275

O. A. Bird, The Idea of Justice (New York u.a. 1967)

F. Böckle / E.-W. Böckenförde (Hg.), Naturrecht in der Kritik (Mainz 1973)

E.Brunner, Gerechtigkeit. Eine Lehre von den Grundgesetzen der Gesellschaftsordnung (Zürich 1943)

J.-Y.Calvez / J. Perrin, Église et Société Économique (Paris 1958); deutsch: Kirche und Wirtschaftsgesellschaft, 2 Bde. (Recklinghausen 1964/1965)

F. Castillo (Hg.), Theologie aus der Praxis des Volkes (München-Mainz 1978) Christlicher Glaube und gesellschaftliche Praxis (Aschaffenburg 1978)

H. Conzelmann / A. Lindemann, Arbeitsbuch zum Neuen Testament (Tübingen 1979)

R. Dahrendorf, Die Idee des Gerechten im Denken von Karl Marx (Hannover 1971)

H. W. Daigeler, Heutiges Menschenrechtsbewußtsein und Kirche (Einsiedeln 1973)

A. Descamps, Les Justes et la Justice dans des Ėvangiles et le Christianisme Primitif hormis de la Doctrine proprement Paulinienne (Louvain 1950)

A. Descamps, Justice et Justification, in: Dictionnaire de la Bible Ⅸ, Supplément Ⅳ (Paris 1949) 1417-1510

A. Dünner, Die Gerechtigkeit nach dem Alten Testament (Bonn 1963)

J. Ellul, Le Fondement Théologique du Droit (Neuchâtel 1946); deutsch: Die theologische Begründung des Rechts (München 1948)

Die Evangelisierung Lateinamerikas in Gegenwart und Zukunft. Dokument der Ⅲ. Generalkonferenz des lateinamerikanischen Episkopats in Puebla (Bonn 1979)

A. D. Falconer (Hg.), Understanding Human Rights (Dublin 1980)

J. Fuchs, Lex Naurae. Zur Theologie des Naturrechts (Düsseldorf 1955)

J. Giers, Gerechtigkeit und Liebe. Die Grundpfeiler gesellschaftlicher Ordnung in der Sozialethik des Kardinals Cajetan (Düsseldorf 1941)

J. Giers, Die Gerechtigkeitslehre des jungen Suárez (Freiburg i. Br. 1958)

J. Giers, Die "Krise" der sozialen Gerechtigkeit, in: Jahrbuch für christliche Sozialwissenschaften 17 (1976) 298-327

J. Giers, Zum Begriff der iustitia socialis, in: Münchener Theologische Zeitschrift 7 (1957) 61-74

M. Gilbert u.a., Morale et Ancien Testament (Louvain-la-Neuve 1976)

G. Gorschenek (Hg.), Grundwerte in Staat und Gesellschaft (München 1977)

G. Gutiérrez, Theologie der Befreiung (München 1976)

S. Hagenauer, Das "Justum pretium" bei Thomas von Aquino (Stuttgart 1931)

J. Halbe, "Altorientalisches Weltordnungsdenken" und alttestamentliche Theologie, in: Zeitschrift für Theologie und Kirche 76 (1979) 381-418

J. C. Haughey (Hg.), The Faith that does Justice (New York 1977)

R. Hauser, Gerechtigkeit, in: Historisches Wörterbuch der Philosophie Ⅲ (Darmstadt 1974) 329-334

F. A. v. Hayek, Law, Legislation and Liberty, Vol.2: The Mirage of Social Justice (Londen 1976); deutsch: Recht, Gesetzgebung und Freiheit, Bd.2: Illusionen der sozialen Gerechtigkeit (Landsberg a.L. 1981)

M. Heckel, Rechtstheologie Luthers, in: Evangelisches Staatslexikon (Stuttgart-Berlin [2]1975) 2051-2083

W. Heinen, Die iustitia socialis, in: Scientia Sacra (Koeln-Duesseldorf 1935) 298-327

J. Hempel, Das Ethos des Alten Testamentes (Berlin 1938)

Th. Herr, Naturrecht aus der Kritischen Sicht des Neuen Testaments (München u.a. 1976)

O. Höffe, Grundzüge einer Theorie politischer Gerechtigkeit, in: Philosophische Elemente in der Tradition des poitischen Denkens, hg. von E. Heintel (München 1979) 46-66

O. Höffe, Papst Johannes Paul Ⅱ. und die Menschenrechte. Philosophie Überlegungen, in: Freiburger Zeitschrift für Philosophie und Theologie 27 (1980) 36-55

J. Höffner, Soziale Gerechtigkeit und soziale Liebe (Saarbrücken 1935)

F. Horst, Naturrecht und Altes Testament (München 1961)

Johannes Paul Ⅱ., Enzyklika "Redemptor Hominis" (Bonn 1979)

Johannes Paul Ⅱ., Predigten und Ansprachen bei seiner Reise in die Dominikanische Republik und nach Mexiko (Bonn 1979)

W. Kamlah, Christentum und Geschichtlichkeit. Die Entstehung des Christentums (Stuttgart-Köln 1951)

F. X. Kaufmann, Kirche begreifen. Analysen und Thesen zur gesellschaftlichen Verfaßtheit des Christentums (Freiburg i.Br.1969)

H. Kelsen, What is Justice? (Berkeley 1957); davon deutsch ein Aufsatz: Was ist Gerechtigkeit? (Wien ²1975)

W. Kerber, Die Grundaussagen der katholischen Soziallehre zur Wirtschaftsordnung-allgemein verbindlich oder interessenbedingt? in: Soziallehre der Kirche und katholische Verbände, hg. von A. Rauscher (Köln 1980) 11-35

W. Kerber, Hermeneutik in der Moraltheologie, in: Theologie und Philosophie 44 (1969) 42-66

W. Kerber, Katholische Soziallehre, in: Demokratische Gesellschaft. Konsensus und Konflikt (München-Wien 1978) 547-636

K. Kertelge, *δικαιοσύνη*, in: Exegetisches Woerterbuch zum Neuen Testament Ⅰ/ 784-807 (Stuttgart 1979)

K. Kertelge, "Rechtfertigung" bei Paulus, in: Neutestamentliche Abhandlungen NF 3 (Münster ²1971)

Kirche und Befreiung (Aschaffenburg 1975)

J. Kleinhappl, Der Begriff der "iustitia socialis" und das Rundschreiben "Quadragesimo Anno", in: Zeitschrift für Katholische Theologie 58(1934)364-390

A. M. Knoll, Katholische Kirche und scholastisches Naturrecht (Frankfurt a.M. 1962)

K. Koch, Art. ṣdq -gemeinschaftstreu/ heilvoll sein, in: Theologisches Handwörterbuch zum Alten Testament Ⅱ (1976) 507-530

K. Lehmann (Hg.), Theologie der Befreiung (Einsiedeln 1977)

G. Liedke, špt - richten, in: Theologisches Handwörterbuch zum Alten Testament Ⅱ (1976) 999-1009

J. M. Lochmann / J. Moltmann, Gottes Recht und Menschenrechte (Neukirchen 1977)

M. Luther, Werke (Weimar 1884ff) (Abk.: WA)

W. Mann / J. Pieper, Gerechtigkeit, in: Handbuch theologischer Grundbegriffe Ⅱ (München 1970) 97-112

J. Mausbach, Katholische Moraltheologie, hg. von G. Ermecke, 3Bde. (M?nster. 1959-1961)

M. Merklein, Die Gottesherrschaft als Handlungprinzip (Würzburg 1978)

J. Messner, Zum Begriff der sozialen Gerechtigkeit, in: Die soziale Frage und der Katholizismus (Paderborn 1931) 416-435

J. B. Metz, Glaube in Geschichte und Gesellschaft. Studien zu einer praktischen Fundamentaltheologie (Mainz 1977)

D. Miller, Social Justice (Oxford 1976)

L. Monsengwo Pasinya, La Nation de "Nomos" dans le Pentateuque Grec (Rom 1973)

O. v. Nell-Breuning, Iustitia socialis, in: Wörterbuch der Politik Ⅲ (Freiburg i.Br. [2]1954) 35-44

O. v. Nell-Breuning, Wie sozial ist die Kirche? Leistung und Versagen der katholischen Soziallehre (Düsseldorf 1972)

O. v. Nell-Breuning, Gerechtigkeit und Freiheit (Wien 1980)

J. Neumann, Menschenrechte - auch in der Kirche? (Einsiedeln 1976)

F. Nötscher, Die Gerechtigkeit Gottes bei den vorexilischen Propheten (Münster 1915)

F. Nötscher / P. Bläser, Gerechtigkeit, in: Bibeltheologisches Wörterbuch (Graz [2]1962) 453-473

P. Ottenwälder, Zur Naturrechtslehre des Hugo Grotius (Tübingen 1950)

J. J. Petuchowski, Die Stimme vom Sinai. Ein rabbinisches Lesebuch zu den Zehn Geboten (Freiburg i.Br. 1981)

S. H. Pfürtner / W. Heierle, Einführung in die katholische Soziallehre (Darmstadt 1980)

J. Pieper, Über die Gerechtigkeit (München 1953)

M. Pilters / K. Walf (Hg.), Menschenrechte in der Kirche (Düsseldorf 1980)

R. H. Preston (Hg.), Technology and Social Justice. An International Symposium on the Social and Economic Teaching of the World Council of Churches from Geneva 1966 to Uppsala 1968 (London 1971)

G. Quell / G. Schrenk, *δίκη*, *δίκαιος* u.ä., in: Theologisches Wörterbuch zum Neuen Testament Ⅱ (Stuttgart 1935) 176-229

K. Rahner u.a., Befreiende Theologie (Stuttgart u.a. 1977)

K. Rahner, Über die Einheit von Nächsten-und Gottesliebe, in: Schriften zur Theolgie Ⅵ (Einsiedeln 1965) 277-298

J. Rawls, A Theory of Justice (Oxford 1972); deutsch: Eine Theorie der Gerechtigkeit

(Frankfurt a.M. 1975)

F. v. Reiterer, Gerechtigkeit als Heil (Graz 1976)

M. Salomon, Der Begriff der Gerechtigkeit bei Aristoteles (Leiden 1937)

K. H. Schelkle, Die Petrusbriefe - der Judasbrief = Herders Theologischer Kommentar zum Neuen Testament Bd. 13, fasz. 2 (Freiburg i.Br. [4]1976)

O. Schilling, Die soziale Gerechtigkeit, in: Theologische Quartalschrift 114 (1933) 269-277

H. Schlier, Grundzüge einer paulinischen Theologie (Freiburg i.Br. 1978)

H. H. Schmid, Gerechtigkeit als Weltordnung. Hintergrund und Geschichte des alttestamentlichen Gerechtigkeitsbegriffs (Tübingen 1968)

H. Schmid, Zwinglis Lehre von der göttlichen und menschlichen Gerechtigkeit (Zürich 1959)

H. Schöpfer, Lateinamerikanische Befreiungstheologie (Stuttgart u.a. 1979)

E. Schott, Die zeitliche und die ewige Gerechtigkeit (Berlin 1955)

A. Schrattenholzer, Soziale Gerechtigkeit (Graz 1934)

H.-H. Schrey, Die Bedeutung der biblischen Botschaft für die Welt des Rechts (Tübingen 1952)

B. Schüller, Die Herrschaft Christi und das weltliche Recht (Rom 1963)

J. B. Schuster, Das Verhältnis von iustitia legalis und distributiva zur iustitia socialis, in: Scholastik 11 (1936) 225-242

J. Schwartländer (Hg.), Menschenrechte-eine Herausforderung der Kirche (München-Mainz 1979)

G. Strecker, Der Weg der Gerechtigkeit: Untersuchung zur Theologie des Matthäus (Göttingen [3]1971)

P. Stuhlmacher, Gottes Gerechtigkeit bei Paulus (Göttingen [2]1966)

I. Tammelo, Theorie der Gerechtigkeit (Freiburg i.Br.-München 1977)

Texte zur katholischen Soziallehre. Die sozialen Rundschreiben der Päpste und andere kirchliche Dokumente (Kevelaer 1977)

P. Trude, Der Begriff der Gerechtigkeit in der aristotelischen Rechts-und Staats - philosophie (Berlin 1955)

A. Vonlanthen, Idee und Entwicklung der sozialen Gerechtigkeit (Freiburg i.Ü. 1973)

H. H. Walz / H.-H. Schrey, Gerechtigkeit in biblischer Sicht (Zürich 1955)

M. Weber, Gesammelte Aufsätze zur Wissenschaftslehre (Tübingen [4]1973)

가난과 부유

발터 케르버(Walter Kerber)
알퐁스 다이슬러(Alfons Deissler)
페터 휘들러(Peter Fiedler)

Ⅰ. 방법적인 서문

1. 주제의 제한

여기서는 특별히 그리스도교적인, 즉 신·구약성경의 계시에 근거한 경제 영역, 특히 물질적 재화의 부족과 과잉에 대한 관점이 논구되어야 한다. 그렇게 하면 이로부터 현세의 가난과 부유에 대한 그리스도인들의 행동을 위한 실천적이고 규범적인 결과가 나온다. 예컨대, 가난이 오늘날 어떤 방식으로 극복되어야 하느냐 하는 더욱 제도적이고 기술적인 문제는, 이에 관한 계시의 전통에 의해 윤리적이며 규범적인 진술이 만들어지는 한에서만 취급된다. 그러므로 이 논문의 내용은 마땅히 그리스도교적 계시에 의해 규정된 현세의 가난과 부유에 대한 입장 표명이어야 한다.

2. 역사적 조건

규범적 진술이 그리스도교적인 것의 이름으로 책임을 감당할 수 있기 전에, 이미 성경 연구는 어느 분야보다도 경제 영역에서 더욱 역사적 상황, 생활조건, 환경, 역사적 발전, 경제 형태와 사회 형태와의 관련성이 특별히 고려되어야 한다는 것을 보여줄 것이다. 그러므로 우리는 특정한 문화적 전통에 특별하게, 바로 그 때문에 보편적인 구속력이 없는 구체적 가치 관점 및 행동양식과 그 자체로 초시대적인 타당성을 요구할 수 있는 고유한 계시의 내용을 구별해야 한다. 다시 말하면 경제 영역은 역사적으로 제약 받는 사회 관계들과 특별히 연관되어 있고 심지어 부분적으로는 이 관계를 구성함과 동시에 특히 역사적 변천을 따른다. 다른 한편으로 그런 연구는 틀림없이 방법상 수행하기가 쉽지 않을 것이다. 무엇이 오직 시대사적이고 사회학적인 배경이며 그리스도교적 계시의 필수적인 내용인가를 어떤 기준에 따라 규정하여야 하는가? 우리는 성경이 우리에게 말을 걸게 하고 변천하는 조건 아래 성경의 가르침을 경험하고 실현하고자 하는 가운데, 어느 정도 타당한 대답은 최종적으로 교회 자체의 창조적인 생동적 수행에서 발견될 수 있다.

이런 해석학에서는 아직 사용할 수 있는 행위 지침을 제공하기에 불충분하고 추상적인 위험에 처한 추상적이고 초시대적인 원리들을 만들어 내는 것보다 구체적인 가치 의미와 현대를 위한 계시의 가르침 안으로 들어가 변역해 내는 것이 더 중요하다는 사실에 주목해야 한다.

그럼에도 여기서는 '가난' 개념을 임시로 순화한 다음 성경적 계시 전통으로 남아 있는 내용이 확실히 고수되어야 하고, 그 다음에 서양세계의 현대 상황이라는 특별한 정세에서 가난과 부유의 문제가 상세하게 취급되는 방식으로만 진행될 수 있다.

3. 문제제기

우리가 적어도 최초의 접근에서 '가난과 부유'라는 개념쌍이 예컨대 물질적 생활재화의 부족및 과잉과 관련이 있어야 한다는 데서 출발하는 경우에 두 가지 질문이 생긴다.

a) 비물질적인 다른 생활재화와의 관계에서 물질적 재화에 대한 그리스도교적 태도는 어떻게 규정될 수 있는가?(개인적이며 윤리적인 문제제기)

b) 한 사회 안의 물질적 재화의 분배에 대한, 따라서 가난한 이들과 부자들의 사회적 대립에 대한 그리스도교적 태도는 어떻게 규정되는가?(사회적이며 윤리적인 문제제기)

Ⅱ. 개념의 분류

'가난'과 '부유' 개념을 분명히 정의하기가 쉽지 않다는 것은 성경의 연구가 틀림없이 보여 줄 것이다. 그와 같은 개념 정의가 쉽지 않다고 생각한 바로 그 이유 때문에 교회에 대한 가난의 의미를 심도 있게 다룬 제 2차 바티칸 공의회의 문헌에서 고유한 정의가 결여되었을지 모른다. 개념적으로 확정하려는 경우에 너무나 쉽게 신학적, 사회적 종류의 중요한 관계들이 배제된다. 그러므로 여기서는 완벽함과 체계적 정연함을 요구하지 않은 채로 개념의 다양성과 문제의 다층성을 명백히 하는 그런 관점들 중 몇 개가 모여야 한다.

1. 물질적 가난

가장 일반적 일상 언어의 의미로는 물질적 생활재화의 부족으로, 따라서 화폐가치가 있는 소유와 재산의 부족으로 고통당하는 이가 '가난하다'고 불린다. 이에 대한 기준은 일반적으로 생활에 필수적인 것(물질적인 최저생계비)

혹은 특정 사회에서 인간 존엄성에 합당한 삶에 속하는 명망(문화적 최저생계비)일 수 있다. 이와는 반대로 '부유'는 어느 정도 물질적 재화의 과잉을 의미한다. 이 사이에 소유관계와 소득관계의 넓은 띠가 존재하며, 이들 관계 안에서 개인은 생계를 위해서는 충분히 소유하지만 '가난하지'도 '부유하지'도 않다고 불릴 수 있는 것이다.

2. 사회적 지위

따라서 '가난하다'고 간주되는 사람은 누구나 그가 살고 있는 사회와의 관계없이 규정되지 않는다. '가난'과 '부유'는 평균적 생활관계에 대해 두드러진 차이를 나타낸다. 그런데 이런 차이는 다소간에 물질적 재화에만 국한되는 것처럼 이해해서는 안 된다. 이 차이는 이것 이상으로 오히려 전체적인 사회적 지위, 넓은 의미에서 정치적 생활 참여, 자기이해와 행동양식과 관계된다. 가난한 이들의 삶도 흔히 고유한 '가난의 문화'(Oscar Lewis), 즉 세세대대로 이어지며 모든 사회적 발전단계의 끝에 처한 자신의 처지를 마감하려는 시도로서만 이해되어야 하는 생활방식을 통하여 각인되어 있다. 그리고 이런 문화적 영향 때문에 또한 가난의 악순환에서 벗어나는 것은 지극히 힘들다.

3. 비참인 가난

포괄적 의미로는 일반적으로 특정의 생활재화가 부족한 사람들, 예를 들면 환자, 무식자, 힘들고 지극히 체념에 찬 삶으로 내몰린 자가 '가난하다' 고 불린다. 이것은 대부분의 생활재화(건강, 교육, 여가, 정치적 및 사회적 권력)가 물질적 재화와 교환되는 가운데 혹은 최소한 이 재화에서 온전히 독립하여 획득될 수 없다는 것과 관계가 있다. 그렇다면 '가난한 사람'은 아주 일반적으로 생활형편이 좋지 않고 고통 받을 수밖에 없는 사람이다. 이런 고통이 오로지 혹은 우선적으로 물질적 소유에 근거해 있지 않다고 해도 말이다.

4. 자기소외인 가난

신학에서는 자주 전체적 시각에서 심지어 세계 내적인 모든 것, 즉 최종적으로 하느님 자체가 아닌 모든 것은 가난의 관점 아래 평가된다. 그렇다면 인간이 되셨다는 것(강생)은 2위 신격이 세상 안에 전적으로 소외된 것으로 해석된다. "그 분은 부요하셨지만 여러분을 위하여 가난하게 되셨습니다."(2코린 8,9) 다르지만 유사한 관점에서 그리스도교적 가난의 고유한 성격은 하느님의 삼위일체적 삶의 모방과 이런 삶에 참여하는 것으로 보인다. 하느님의 위격들이 자신을 위하여 아무것도 소유하지 않고, 오히려 성부가 성자에게 자신의 전 존재를 주고, 성자가 성령에게 이어서 주는 한에서 그런 것이다. 그래서 '정신적 가난'에 따라 영성적 요구가 성삼위의 관계로부터 도출되고, 이런 영성적 요구가 있다면 한편으로는 인간의 한계를 수긍하며 동시에 하느님과 동료 인간들에게 끌릴 수 있는 것이다.(Metz 1962)

5. 수도회 규칙에 의한 가난

교회의 언어 사용에서 '가난'이란 말은 특별한 의미를 얻었다. 그것은 교회 안의 수도회에서 물질적 재화에 대한 개인적 소유권을 자발적으로 포기하는 것, 다시 말하면 재화공동체 안의 삶을 의미한다. 그렇게 함으로써 모든 소유욕과 물질적 재화에 대한 애착으로부터의 내적인 자유, 소박하고 단순한 생활양식이 촉진되고 도래하는 하느님 나라에 대한 희망의 징표가 보여야 한다. 그런데 생계유지를 위한 어느 정도의 소유는 배제될 수 없으므로, 전체 소유권을 포기함에도 불구하고 실제적으로 수도회의 가난은 흔히 재화를 사용함에 있어 오직 그때그때 교회의 장상에 의존하게 된다. 수도자는 공동재산을 통하여 생활의 위험에 대해 계속 안전이 보장되어 있으므로, 사회학적 의미로는 자주 중요한 재화가 결여된 수도회 밖의 많은 사람들보다 덜 '가난'하다. 그래서 사람들은 이런 관련성에서 이미 자주 '가난'이라는 말을 전적으로 예컨대 '재화공동체'로 바꿀 것을 제안했다. 그렇게 함으로써 이런 생활 형태의 고유한 의미가 점점 잊혀질 수 있을 것이다.

6. 가난과 사유재산의 질서

마르크스적 이해와의 논쟁에서 본 그리스도적 가난을 둘러싼 토론이 특별히 활기를 띠게 되었다. 마르크스적 이해는 생산 수단에 대한 사적인 처분권을 폐기하는 관점에서 모든 인간적 비참의 결정적인 극복을 약속하고 이 경우에 자주 그리스도교적 전통의 자산과 연결하려고 한다. 이 경우에 자유주의와 자본주의를 통하여 상실된 바로 가난한 이들과의 일치, 사회적 유대, 연대의 의식을 도움을 필요로 하는 모든 이들과 더불어 복원하기 위한 목표는 적극적으로 평가되어야 한다. 그러나 인간, 사회, 역사에 관한 진정한 사회개혁을 유물론적 이해에 근거해 있는 순수하게 경제적 요소들, 그리고 이러한 의미에서 진정한 사회개혁을 순수히 정치적, 경제적 변화(계급투쟁)를 통하여 성취할 수 있다는 기대에 편파적으로 고정하는 것은 거부되어야 한다.

발터 케르버

Ⅲ. 구약성경의 성경적 기초 놓기

오늘날의 언어에서 사용하는 '가난과 부유'라는 말에 대한 개관을 한 다음에 가난과 부유의 문제가 구약과 신약성경의 문헌에서 어떻게 나오는지 조사가 시도되어야 한다.

1. 문제 영역에 대한 구약성경적 진술의 범위

가난과 부유에 대한 구약성경의 태도가 짧은 문구로 요약될 것은 아니다. 구약성경은 각기 시대, 분위기, 경제 및 사회의 형태에 따라 상이하게 강조되어 있는 '태도 표명'을 포함하고 있다. 그 밖에 '부유한'이라는 개념은 일반적으로 '재산과 금전에 대한 많은 소유'를 가리키지만, '가난한'에 대한 언어 범위는 훨씬 더 넓고 '적게 소유한'에 대한 개념들조차도 대개는 '자유, 효력, 영향, 권리가 적다'는 관념도 내포하고 있다. 마지막으로 보다 오래된 잠언집인 잠언 10장부터 22장 16절에서는 가난과 부유를 평가함에 있어 일치되지 않는 입장이 있다. 그와 같은 '상대적 관계'에 있어서 그런 입장은 이 부분에서는, 로마서 15장 4절("미리 기록된 것들은 우리를 가르치기 위하여 기록된 것입니다")의 의미에서 지속되며, 그 때문에 우리와도 관계있는 구속성을 구약성경으로부터 이끌어내는 것이 어렵게 보일 수밖에 없다. 그럼에도 불구하고 이러한 어려움으로 인하여 유행하는 상대주의 안에서, 예수의 성경이기도 했던 이스라엘 민족의 성경을 우리의 주제에서 배제하도록 오도해서는 안 된다. 변경된 관계들 아래서도 자체의 표준가치를 지니고 계시하는 하느님의 기본적 관심사는 있다. 예를 들면 십계명(계약의 법)과 예언자들의 기본적 지시가 그것을 증언하듯이, 오늘날 우리가 '인권'이라고 부르는 것은 의심의 여지없이 이것에 속한다. 인권을 통하여 최소한 우리의 문제 영역이 제시된다.

2. 창조와 역사에 참여한 하느님의 관심

창조와 역사에 있어서 세계와 인간으로 향하는 초월적 하느님의 적극적 관심에 대한 구약성경의 중심적인 보고는 이러한 하느님을 향한 인간의 응답하는 관심을 동시에 하느님의 세계와 인류에 대한 책임 있는 관리로서 규정하는 '종교'를 구성한다.(창세 1,26 ; 1,28 ; 2,15를 참조) 이러한 관점에서 재화의 획득에 있어서 법질서가 침해되지 않는다면, '지상의 재화'는 긍정적인 징후를 지니고, 재화를 획득하고 소유하며 향유하는 것은 심판의 대상이 아니라 하느님의 축복의 표징으로서 간주된다.(창세 26,12 이하 ; 27,28 ; 30,29 ; 신명 29,8 ; 잠언 3,16 ; 10,22 참조) 이에 따르면 구약성경의 어느 곳에서도 '가난' 자체는 이상이 아니다. 농사와 포도의 향유를 거부하지만 가축 무리를 소유하면서 유목민의 생활을 이상으로 삼은 이들은 그 자신이 전답의 소유자였던 예레미야에 의해(예레 32,7) 오직 그들의 야훼에 대한 열망 때문에 모범으로서 찬양받는다.(예레, 35,1-14) ‘언약의 땅’(창세 12,7 ; 15,7 이하)에 관한 신학적 진술은 개인의 소유에 대한 기쁨에도 기회를 부여한다.(신명 26,3-10 참조) 예언자들과 지혜를 가르치는 교사들은 부유에 대한 추구가 틀림없이 큰 위험성을 지닌다는 것도 잘 알고 있고 소유욕과 불의에 대하여 경고한다.(이사 5,8 ; 예레 6,13 ; 아모 8,5 ; 호세 12,9 ; 미카 2,1 ; 하바 2,6 ; 2,9 ; 지혜 11,28 ; 18,11 ; 28,11 참조)

3. 예언자들의 윤리적 호소

모든 시대와 환경에서 ‘재산’에 대한 긍정적 평가는 그 자체로 소유관계의 구조를 규정하지는 않는다. 초기의 유목민 처지 및 반유목민 처지는 개별적 대가족 사이의 소유의 경제 설정만을 알았다. 사람들은 토지를 취득한 후에 자유농민 신분의 형태를 택하기로 결정했다. 그럼에도 이러한 형태도 시간이 흐르면서 의존하는 결과가 될 수 밖에 없었다. 가나안의 도시들이 자체의 봉건적 세력관계 및 소유관계에 빠져들었을 때 다윗과 솔로몬은 이러한 관계들을 공적으로 제거하지는 못했다. 부분적으로 군주제 이전에, 부분적으로 초기 군주제 시기에서 유래하는 ‘구약성경’(탈출 20,22-23,19)은 이스라엘의 법과 가나안의 법을 어렵사리 연결하려고 한다. 구약성경은 우리의 질문 범위에 대하여, 예컨대 시민과 농부의 불가침해적 자유를 보증하고(탈출 21,16 참조) 그들의 소유를 보호하며(탈출 21,35 ; 21,37 ; 22,1-14 ; 23,4 이하 참조) 동시에 가난한 이들을 위한 보호를 보증한다.(탈출 23,6: 부정을 행하지 말 것 ; 22,24: 이자의 금지 ; 23,10 이하: 안식년 ; 23,12: 안식의 사회적 정당화)

두 왕족의 군주제는 세력 확장의 견지에서는 국가의 통치를, 경제에 있어서는 가나안의 봉건주의를 두둔하였다. 점증하는 ‘부유와 가난’, ‘유력함과 무력함'으로의 양극화는 이와 연결되어 있었다. 여기에서 예언자들의 반대 행동이 삶의 터를 잡게 되었다. 그들은 그와 같은 극단적인 봉건적 관계에서 야훼이즘 자체가 적중되었을 것이라는 사실을 하느님의 잠언에서 증명하고 있다. 이에 대한 본보기는 아모스이다. 하느님 자신은 아모스를 통하여 자신의 민족에 있어서 가난한 이들(2,6 ; 4,1 ; 5,12 ; 8,4 ; 8,6), 곤궁한 이들(2,7 ; 4,1 ; 5,11), '힘없는 이들'(2,7 ; 8,4)은 법정에서 어떤 권리도 발견하지 못하고(2,7 ; 5,10 ; 5,12 ; 6,12 참조) 모든 관계에서 지배 계층에 착취당한다는 점, 즉 성취 충동, 권력 충동과 향락 충동의 단순한 수단으로 전락된다는 점을 고발한다.(2,7 이하 ; 4,1 ; 5,11 ; 6,4 이하 ; 8,4 이하) 그런 것에 대해서는 아모스를 통하여 전달된 북이스라엘에 대한 하느님의 '사형선고'가 언도된다. 그럼에도 예언자는 계급투쟁적이거나 심지어는 혁명적이고 반대되는 개념을 기획하지 않고, 오히려 책임 있는 이들의 에토스에 호소하여 그 백성을 법정에 내세운다. 야훼 앞에서 아모스에게 특히 '가난한 이'는 '의인'(ṣaddiq, 2,6 ; 5,12 참조)으로 간주된다.

근본적인 경향에 있어서 이사야 5,8 ; 10,2 ; 미카 2,1 이하 ; 3,11 ; 예레 5,27 이하 ; 22,15 ; 에제 22,2-10 ; 16,48 이하 ; 이사 58,1-12 ; 즈카 7,9 이하 ; 말라 3,5, 즉 (유배 이전, 유배 중 그리고 유배 이후) 수백 년에 걸친 일련의 예언자들은 아모스와 일치한다. 여기에는 순수하게 시대사적이거나 환경을 통하여 조건지어진 태도 표명이 아니라 그때그때 실현된 야훼이즘의 본질 규정이 중요한 것이다. 사회적, 경제적 관계들에 대한 야훼이즘의 용인은 인간이 사물을 대하듯 인간에 대하여 처리하는 경우에 한계를 갖는다. 여기에서 하느님의 심판은 절대적인 것이 된다.(예레 34 참조)

4. 야훼의 백성과 가난

언약의 땅에서는 명백하게 가난한 이들이 없어야 함에도 불구하고(신명 15,4) 하느님의 명령은 이스라엘에서 가난이 전적으로 없어지지는 않는다는 데서 출발한다.(신명 15,11) 그럼에도 또한 명령은 동시에 착취에 대항하여 가난한 이를 보호하기 위하여 내려지고,(신명 15,7 이하: 신용대부의 원조 ; 신명 24,10 이하: 압류권의 제한 ; 24,14 이하: 합당한 임금 ; 신명 15,1 이하: 화폐경제의 영역에서도 7년 이후의 부채 면제) 재산을 가난한 이들에게 나누어 주라는 지침은 하느님의 명령이 된다.(신명 5,11) 그것과 동시에 이미 구약성경에서 '재산의 사회적 저당권'이 충분히 관찰되어 있다는 것은 또한 자선행위가 온전히 정의에 속한다는 사실,(시편 112,5-9 참조) 즉 곧바로 '정의'라는 단어로 표현된다는 사실(잠언 10,2 ; 11,4-6 ; 12,28)에서 유래한다. 자선은 토빗기 4,7-12, 집회서 4,1-6의 주제이다. 일반적으로 실천적으로 수행된 지혜의 교훈은 역사상의 계시의 하느님(모세오경, 역사서, 예언자들)을 배경으로 옮겨 놓고 가난한 이들에 관한 주제를 직선적이며 강력하게 신학적으로 강조(잠언 14,31: "가난한 사람을 억누름은 그를 지으신 이를 모욕함이요, 없는 사람을 동정함은 그를 지으신 이를 높임이다", 17,5 ; 19,17 참조)한다. 마지막으로 시편에서 '가난한'이라는 말은 전적으로 종교적 색채효과를 지닌다. 동시에 바로 '신분이 낮은 사람들'(자주 부자와 권력자에 의해 '억눌린 사람들')은 율법과 예언자들을 통하여 계시된 '가난한 이들의 옹호자' 야훼께 신심으로 의지하면서 방향을 전환한다. 이러한 관점에서 또한 '가난한 메시아'(즈카 9,9)와 '가난한 잉여'(종말의 백성으로서, 스바 3,12)가 기대된다 하더라도 야훼 공동체가 신약성경적 의미에서 '가난의 이상'으로 상상된 것은 아니다. 사람들은 물론 그러한 공동체에서 하느님과의 관계가 인간을 위하여 가장 중요한 것이라는 사실을 자각하게 된다. 다음의 유명한 청원은 그것을 표현한다. "가난하게도 부유하게도 마십시오. 먹고살 만큼만 주십시오. 배부른 김에 '야훼가 다 뭐냐'고 하며, 배은망덕하지 않게, 너무 가난한 탓에 도둑질하여 하느님의 이름에 욕을 돌리지 않게 해주십시오."(잠언 30,8 이하)

알퐁스 다이슬러

Ⅳ. 신약성경에 따른 가난과 부유

1. 삶의 자리와 부유에 대한 예수의 비판의 신학적 지평

신약성경의 여러 진술은 우선 그 상황에 비추어 진실로 받아들여야 할 것이다. 이 진술들은 더 나아가 구약과 초기 유다교의 전통으로 돌아가 이야기한다. 이는 또한 복음서에서 예수가 가난한 이들과 부자들에게 그리고 가난한 이들과 부자들에 대하여 말한 내용에도 해당된다. 우리는 다음과 같은 두 개의 논증유형을 확인할 수 있다.

1) 재산에 의지하지 말고 그것을 하느님의 마음에 들게 사용하라는 지혜롭게 각인된 경고(예컨대 루카 12,16-21, 집회 11,18 이하 ; 11,23-28 ; 29,8-13 참조)

2) 하느님의 분노(심판)로 부유한 이들에 대한 예언적, 묵시록적 위협(예컨대, 루카 6,24 이하, 외경 에티오피아 헤녹서 97,8-10 참조)

구원 선포의 조목에서 볼 때 굶주린 이들과 우는 이들에 대한 예수의 행복선언(루카 6,21)은 특징적이다. '신학적인' – 그리고 아마 사회혁명적이지 않은 – 지평은 20절에서 진술되었고(예레 61,1 이하 참조), 예수의 말씀과 행위에서 통용되듯이, 하느님의 주권(통치)에 대한 예수의 이해에 의해 증명된다. 우리가 유일하게 가장 중요한 것인 하느님의 주권에 초점을 맞춘다면 삶의 준비에 대한 어떤 두려움을 더 이상 갖지 않아도 된다.(마태 6,25-33) 이 경우에 우리는 물론 우리의 삶을 누구에 의해 규정하게 할 것인가 하는 분명한 결정에 머뭇거리지는 않는다.(마태 6,24) 이 안에는 적지 않은 기대가 들어있다. 그 이유는 예수와 그의 가족이 속해 있던 당시의 유다적 '중산층'(자선, 구걸이나 절도에 의지했던 민중보다 좀 형편이 좋았던 수공업자들) 역시 궁핍하고 불안한 관계에서 살았기 때문이다. 예수는 일용할 양식을 청하는 주의 기도(마태 6,11: 그 때 그 때 다음 날만을 위한 양식) 안에 포함된, 하늘에 계신 아버지의 보살핌에 온전히 의지하면서 공생활 동안 뚜렷하게 소유를 포기하면서 살았고, 그와 가장 가까운 사람들도 이러한 삶의 형식을 의무로 살았다. 물론 이 경우에 예수는 추종하는 여성들의 도움에 의지했고(루카 8,1-3 참조), 시몬의(또한 다른 이들의) 집은 그에게 열려 있었으며, 일상의 직무 수행에서 볼 때 나라의 극빈자들에 속하지 않은 바리사이와 세리들의 초대를 받아들였다. 그런데 이러한 얽매이지 않음은 바늘구멍 앞의 낙타의 역설적인 광경이 구체적으로 보여주듯이(마르 10,23b ; 10,25) 소유의 경시를 뜻하지는 않으며, 이 경우에도 27절에서 전적으로 예수의 노선이 말하듯이 오직 하느님의 은총만이 최종적으로 결정을 한다.

2. 초기 그리스도교 공동체에 있던 문제

부활 이후 (실제로) 가난한 이들에 대한 예수의 구원의 초대에서 유래하는 나쁜 경험을 토대로 (완성된 하느님의 지배가 다가올 것이라는 믿음 때문에 '더 나은 피안'에 대한 어떤 위안이 없음) 부유한 이들에 대한 비통함이 추론될 수 있었다.(루카 1,53 ; 16,19-31 참조: 이러한 전통에 대하여 복음서 저자들의 부유에 대한 바뀐 태도는 예컨대 16,9에서 제시된다) '세상 걱정과 재물의 유혹'은 또한 그리스도교적 공동체를 형성하게 하였다.(마르 4,19) 무상한 세상의 시간에 직면하여 소유에 얽매이지 말라는 바오로의 경고(1코린 7,29-31)는 사회학적으로 보아 매우 폐쇄적인 공동체 안에서(1,26-28 참조) 부유한 이들을 통하여 더 가난한 이들이 드러나게 된 것을(11,17-22) 막을 수 없었다. 이미 예루살렘에서는 과부의 부양 때문에 '히브리계 원시공동체와 헬라계 원시공동체 사이에 긴장이 있게 되었다.(사도 6,1) 그것은 마찬가지로 2,24 이하와 4,32-34 이하에서 결과된 '원시공산주의'에 대한 가정과 바르나바에 의해 주어진 뚜렷한 예증의 제시(4,36 이하)가 허위임을 증명하는 것이다. 이와 연결된 처벌의 기적에 관한 이야기(5,1-11)는 전적으로 제외되는데, 이 이야기는 성령께 불쾌한 역할을 지정한다. 루카 복음은 오히려 신명기 15장 4절과 관계있고 또 그리스적 모범에 따라(플라톤의 '국가', 피타고라스적 '원시공동체') 그려진 이상적 상징으로써 위험에 처한 자신의 수신인들에게 방향을 제시하는 도움을 주려고 한다. 돈을 좋아하는 거짓 경건자들의 유형으로서 남용된 '바리사이들'에 대한 스케치(루카 11,39 ; 16,14 ; 18,18-23도 참조)는 상응하는 현실적 관련성을 갖는데, 그들에게는 재산의 반을 바치기로 결정한 자캐오가 진정한 경건자들의 모범으로서 맞서 있다.(19,8) 우리는 그와 같은 보다 미약한 '부유에 비판적인' 태도를, 증가하는 부유한 이들의 잠입에도 – 물론 부유한 이들은 일찍부터 그리스도교 공동체에 있었다(예, 아리마태아의 요셉, 필레몬) – 지체된 재림에도 소급할 수 없다. 특히 야고보서는 반대의 말을 하는데, 여기서는 부유한 이들에 대한 비통이 가장 강하게 각인되어 있다.(1,10 이하 ; 5,1-6) 저자는 바오로와 유사하게 자신의 공동체가 부유한 이를 우대하는 것에 대하여 심판으로 위협하지 않으면 안 되었다.(2,1-13) 그런데 대체로 더 후기의 시대에서는 - 그리스적 세계의 변경된 관계에 적응되어 - 소유욕에 대하여 경고했다. 예로, 루카 12,15 ; 콜로 3,5(우상숭배) ; 히브 13,5 및 1티모 6,6-10(스토아적 논변으로써), 이 다음에는 17-19절에 부유의 올바른 사용에 대한 지침이 뒤따른다.(다시 루카 12,21 ; 16,9 참조)

3. 태도에 대한 방향 제시

요구된 태도는 사랑의 계명과 이에 상응하는 유다적 실천에 방향을 둔다. 그래서 바리사이적 자선은 오직 이른바 그와 연결된 '위선' 때문에 공격받지만,(마태 6,2) 그 자체로서 논쟁거리가 된 것은 아니다. 그리스도론적으로 유다적인 '자선행위'에 대한 수용이 마태오 25,31-46에서 강조된다.('보화 수집'에 대한 상이한 진술 참조) 구체적 원조가 맡은 결정적 역할은 똑같이 야고보서 2,15 이하와 1요한 3,17에서 준엄하게 훈계된다. 마르코 10,21b에서 부유한 이들에 대한 요구는 바빌로니아 탈무드의 글인 Avoda Zara(역주: 우상숭배) 64a에서 다음의 비교점을 갖는다. 새로운 신앙을 받아들이는 것은 항상 대체로 모든 이제까지의 것과 분리됨을 뜻한다.(마르 10,28-30 참조) 바오로는 공동체의 분열을 하느님께 대한 배신이라고 낙인찍는다.(1코린 11,17-34) '예루살렘의 거룩한 이들 가운데' 궁핍에 시달리는 이들을 위한 그의 모금은(로마 15,26 ; 2코린 8장과 9장 참조) 교회론적인 배경을 가질 수 있다.(갈라 2,10 참조)

4. 신약성경적 소견에서 유래하는 결과

이러한 근본적인 결과들은 다음과 같이 추론될 수 있다.

1) 그리스도교 신자들에게 성경적 근본 확신은, 하느님이 가난한 이들의 생존권을 보증하고 예수 그리스도 안에서 그들의 최종적 구속력을 유지하고자 한 점을 받아들인다.

2) 가난과 소유에 대한 태도를 위한 불변의 기준은 – 이러한 태도의 (비)가치는 하느님(의 주권)과 그리스도에 의해 규정된다 – 주의 기도의 양식의 청원에 들어있다.(하느님과 동시에 이웃에 기회를 주는 삶)

3) 이러한 기준에 합당하게 되는 신약성경의 상이한 시도들은 개인적으로 그리고 집단적으로 오늘날 그에 타당한 상응함을 책임 있게 추구하게 하는 자격을 준다.

페터 휘들러

Ⅴ. 성경적 기초 놓기의 체계적 요약

1. 일반적 관찰

이제 가난과 부유에 관한 특별히 그리스도교적인 태도에 대한 몇 개의 논제들을 만들어 내려고 시도한다면 우선 신약성경은 구약성경보다 더 강력하게 개인 윤리적 태도와 관계를 맺고 있고 사회 윤리적 문제제기에는 비교적 적게 주목한다는 점이 눈에 뜨인다.(Ⅲ. 3 참조)

구약성경에서는, 예컨대 빚을 삭치는 해(예컨대 신명 15 참조)에 대한 규정은 그 사회적 목적을 성취하지 못했을 것인데, 사회적 반대관계의 극복을 목표로 삼는 법률적 규정이 발견되는 반면, 신약성경은 법적이며 사회적인 질서의 형성을 위한 어떤 직접적인 규정을 내포하고 있지 않다. 그런데 예루살렘의 원시공동체 자체는 일종의 재산공동체를 시도하였다.(사도 4,32 이하) 이는 – 이스라엘 백성과는 달리 – 전체 사회적 및 정치적 질서의 개혁이 전혀 신약성경적 공동체의 행위 범위와 지평에 놓여 있지 않다는 점과 관련이 있다. 그러므로 신약성경의 기록에서 그와 같은 종류의 사회윤리적 방향 제시가 결여되어 있다는 것은 변경된 사회적 조건 아래 경제적 관계를 형성하기 위한 책임이 그리스도교 신자들에게 없거나 오직 이차적 책임이 있을 뿐이라는 것을 의미할 필요가 없다.

2. 물질적 복지에 대한 평가

성경의 기록은 가난 자체를, 즉 물질적 재화의 결핍 자체를 이상으로 삼는 것이 아니고 이러한 가난의 극복을 긍정적인, 하느님의 역사의 방향에 놓여 있는 목표로 간주한다. 어느 정도의 물질적 풍요는 하느님의 선물로서 전적으로 긍정된다. 세속에 적대적인, 물질적인 것을 경멸하는 금욕주의는 성경의 기록에 낯선 것이다. 이와는 반대이다. 구약성경에서는 이스라엘 백성에게 '젖과 꿀이 흐르는' 땅이 약속된다. 청교도적인 엄격주의가 구약성경에 의지하여 부유는 매우 하느님의 마음에 드는 것과 간택의 표징으로 간주할 수 있었을 정도로 어느 정도의 복지는 의롭게 사는 사람들에게 늘 상급으로서 약속된다. 자주 '악인들'도 잘 지내고 있다는 경험은 특히 시편에서 분노에 찬 것으로 느껴지고 하느님께 하소연하는 계기인 것이다.

신약성경도 재산에 대한 적대감을 알고 있지 않다. 예수 자신은 부유하지 않았으나 사회학적 의미에서 원래 가난한 이들에 속하지는 않았다. 그는 생활의 일을 향유할 줄 알았고 부유한 이들의 모임에서 교제하였고 그들이 초대하는 잔치에 응하였으므로, 그만큼 그의 적대자들은 그를 '먹보와 술주정뱅이'라고 꾸짖었다. 예수가 부유한 젊은이에게 그의 전 재산을 포기하고 가난한 이들에게 주라고 요구하는 경우에 그에 대한 원래의 동기는 예수를 따르는 것이지 물질적 소유를 경멸하는 것은 아니다.

3. 부유와 하느님의 나라

그런데 바로 부유한 청년에 관한 이야기에서, 그리고 이어지는 예수의 말씀에서 원래 부유가 예수에 의해 선포된 구원에 참여하는 데 참으로 방해가 되는 것으로 평가될 수밖에 없다는 것이 또한 명백하다. "사실 부자가 하느님 나라에 들어가는 것보다 낙타가 바늘구멍으로 들어가는 것이 더 쉽다."(루카 18,25) 우리가 늘 이러한 어두운 광경을 해석하듯이, 이 광경의 철저함은 복음서 자체에서 약간 진화되는데,("하느님께 불가능한 것은 없다") 이로부터 확실히 다음의 결과가 출현한다. 물질적 재화의 과잉이라는 의미에서 부유는 예수를 따름에 막중한 방해임을 표현하는 것이다.

사람들은 그 안에서 받아들일 수 있고 거절할 수 있는 완전한 삶으로의 소명이라는 의미에서 오직 '복음적 권고'만을 보게 될 경우에 이 전체의 대목을 경시하는 것이다. 이 장에서는 전적으로 영원한 삶에 대한 참여가 중요하다.(루카 18,18) 예수의 떠도는 삶에 참여하도록 초대하는 것만이 중요하다는 언급은 전적으로 일반적으로 표현된 진술의 진의에 합당하지 않게 된다.

4. 경제적으로 정향된 근로에 대한 평가

그리스 문화와는 달리 노동은 고유하게 생계유지를 위한 것으로 되고 또 순수히 신체적인 노동과 거래는 하찮은 것으로서 간주되지 않는다. 예수 자신이 제자들과 비슷하게 생업을 꾸려갔다. 오직 행상들이 성전의 앞뜰에서 장사를 했으므로 예수가 그들을 거기에서 쫓아버린 것이다.

일주일 중 하루에 대하여 노동을 금지하는 안식의 계명은 노동을 경시하는 것을 뜻하지 않고, 경제적 강제에 의해 억압당하지 않을 인간의 자유를 보장하려는 것이다. 칼 마르크스가 공산주의에서 미래 사회의 상황을 상상하듯이, 물질적 재화가 인간의 뜻대로 무제한 사용될 수 있어서 더 이상 노동할 필요가 없을 그러한 상태의 유토피아는 낙원에서의 추방이야기와 함께 비현실적인 것으로 드러나 있다.

일용할 양식을 얻기 위하여 수고해야 하는 필요성은 어쩔 수 없이 현재의 구원상황에 처한 인간에 속한다.

5. 부유를 통한 위험

부유는 인간을 하느님의 나라에 더 이상 개방적이지 않은 태도로 유혹하기 때문에 특히 위험한 것으로 간주된다. 부유가 흔히 가난한 이들을 탄압함으로써 획득된다는 정의에 대한 숙고, 즉 사회비판적인 논변이나 언급이 우선적으로 신약성경적인 설교의 전면에 있지 않다는 것은 우리의 현대적 사유 방식에 있어서 놀라운 일이다. 그러한 관점은 틀림없이 세리들이 당시의 민중에게 매우 미움을 받았다는 사실을 결정적으로 뒷받침한다. 그럼에도 예수는 불의를 부정하거나 약화시키지 않고, 민중 가운데 지배적인 분위기에 편승하거나 그것을 강화하지 않고 심지어는 '세리들의 친구'라는 비난을 내버려두었다.

결정적인 것은 오히려 하느님 중심적이며 종말론적인 관찰 방식이다. 부유한 사람은 자신의 희망과 신뢰를 물질적 재화에 두고 또한 정신적으로 '만족하게 되어', 이러한 재화에 대한 염려를 넘어서는 하느님 나라 안에서의 본래적인 삶의 실현에 대한 동경을 질식하게 할 위험에 처해 있다. 특히 이러한 생각은 보통 이해하기 어려운 어리석은 부자에 대한 비유,(루카 12,16-21) 즉 좋은 수확 뒤에 모든 것을 마련했다고 여겨 하느님 앞에서 진정한 부유를 염려하기를 잊어버린 사람에 대한 비유에서 명백히 드러난다.

6. 가난한 이들에 대한 복음의 우선적 사랑

가난은 그 자체로 크게 추구할 가치가 있는 것은 아닐지라도, 가난한 이들은 하느님의 나라에 더 가까이 있다. 그 이유는 그들이 이미 자신들의 사회적 처지를 통하여 하느님의 기대를 지향하고 있다고 보기 때문이다. 기쁜 소식이 특히 가난한 이들에게 – 경제적인 의미로만 이해되지 않은 – 해당된다는 이러한 생각은 공관복음 전체를 관통한다. 이와 반대로 부유한 이들에게는 비통의 외침이 해당된다. 왜냐하면 "그들은 이미 위로를 받았기 때문이다." 이 경우에 또한 일종의 균형에 관한 생각이 한 역할을 한다. 부유한 사람과 가난한 라자로의 비유에서 라자로는 평생 나쁜 것만을 얻은 데 대하여 위로를 받는다. 이와는 반대로 부유한 사람은 특별한 과오의 책임이 지워지지 않은 채 고통을 받아야 한다.

다른 한편으로 단순히 가난하다는 사실만으로는 당연히 하느님의 나라에 우선적으로 들어가기에 충분하지 않다. 가난한 사람들도 소유욕과 질투를 통하여 부유한 이들보다 더 적지 않게 물질적 재화에 집착해 있을 수 있다. 그렇기 때문에 아마 '마음으로' 가난한 사람들만이(마태 5,3) 복되다고 찬양받을 것이다. 그러나 단지 내적인, 정신적인 기본 태도('하느님 앞에서 가난함')는 이 대목의 의미에 온전히 합당하지 않게 된다.

7. 그리스도교적 과제인 가난의 극복

가난한 이들을 우대함에도 불구하고 가능한 대로 가난을 극복하는 것이 그리스도교 신자들의 과제이다. 가난한 이들에게 특별한 위안이 약속된다고 해도, 그들이 구세 복음의 우대 받은 수신인들이라면, 이러한 사실이 그 때문에 자신들의 운명과 저승에서의 위로에 맡겨버리게 되어도 괜찮다는 것을 뜻하지는 않는다. 반대로 가장 넓은 의미에서 가난한 이들에 대한 태도, 즉 주어진 혹은 이행되지 않은 도움은 최후심판에 관한 언급(마태 25,31 이하)에서 어떤 사람이 영원한 삶으로 들어가는지 여부에 대한 결정적인 기준을 형성한다. 이웃이 궁핍에 처하여 있을 경우에 개인적으로, 실제적으로 그에게 향하는 것이 요구된다.

그 당시의 가능성의 지평에 상응하여 이러한 도움은 우선 자선의 형식으로 베풀어졌다. 그런데 예루살렘의 원시공동체는 어느 누구도 자신이 소유하는 것을 자기 재산이라고 일컫지 않고 모든 이가 모든 것을 공동으로 소유하면서 이미 자발적인 차원에서 사회적 반대 관계를 철저하게 극복하려고 했다.(사도 4,32) 사람들은 과부들을 위하여 고유하게 공동적인 사회복지 사업을 조직하였다.(사도 6,1-7) 나중에 바오로는 자신이 선교한 공동체에서 궁핍에 처해 있는 예루살렘의 공동체를 위하여 모금을 실행하였다. 이것은 당시에 가난을 제도적으로 극복하기 위하여 생각할 수 있던 최선의 형식이었다.

이와 함께 원시공동체는 실제적 궁핍의 완화를 넘어 가난한 이들과 부유한 이들 사이의 반대관계가 예수 그리스도에 의해 시작된 구원의 시기에 근본적으로 극복되었다고 하는 것을 표현하려고 하였다. 어쨌든 부유한 이들에 대한 우선적 취급은 그리스도교적 공동체에서는 없음직하다.(야고보서) 또한 원시공동체조차도 가난한 이들과 부유한 이들 사이의 구별을 전적으로 조종하는 데 성공하지 못했다고 해도 가난한 이들은 특별히 하느님에 의해 간택된 이들이다. 가난한 이들에 대한 태도에서 개인뿐만 아니라 공동체의 그리스도교다움이 결정된다.

8. 그리스도교적 입장과 마르크시스트적 입장의 차이

적지 않은 유사함에도 불구하고 가난과 부유에 대한 그리스도교적 태도는 온갖 변형을 지닌 마르크스주의의 그것과는 근본적으로 다르다. 모든 사회적 결과들을 지닌 가난의 상황이 단순히 참고 견디어 내어질 것이 아니라 극복되어야 한다는 점에서 어느 정도 일치하는 점은 보인다. 미래에 대한 전망도 공통적이다. 지금 가난한 이들은 미래에 탁월한 역할을 할 것이다.

그럼에도 단초는 완전히 다르다. 마르크스주의와는 달리 경제적인 것, 물질적 재화의 생산관계, 재산 분배는 역사를 떠맡는 종교적, 정신적 힘에 대하여 하위의 역할만을 할 뿐이다. 인간과 사회의 본래적 구원은 위로부터, 즉 인간의 마음을 변화시키고 결과로서 또한 가난한 이들과 부유한 이들 사이의 간격을 극복하는 하느님의 영의 관철에 의해서 기대되는 것이지, 물질적 생활의 생산관계의 변증법에 의해 기대되지는 않는다. 이 경우에 그리스도교와 마르크스주의에서 인간은 능동적으로 현존관계의 변혁을 목표삼아 노력할 소명을 받는다. 그런데 종말론적인 희망이 실현된다는 인간의 신뢰는 본래 인간적 노력에 의지되지 않는다. 그리스도교에 의하면 가난한 이, 비참한 이, 억압받는 이에게 개인적인 구원이 약속되는 반면, 마르크스주의에서 가난한 이는 다른 이들이 아득한 미래에 더 행복해질 것이라는 데서 위로를 받는다.

Ⅵ. 교회 전통의 가난

1. 교회사의 해석학적 의미

가난과 부유에 대한 특별히 그리스도교적인 태도를 알아내기 위하여 성경의 진술들을 가능한 대로 정확하게 그리고 그 모든 뉘앙스에 있어 조사하며 최초의 원천으로 돌아가는 것이 매우 중요하고 유익함에도 불구하고, 교회가 교회사의 과정에서 성경적 단초들을 어떻게 이해하고 전개했으며 그때그때의 사회생활에 적응했는지가 함께 고찰되어야 한다.

오직 그렇게 종단면적으로 고찰함으로써만 복음의 핵심사상의 고유함과 풍요로움이 올바로 이해된다. 그럼에도 – 혹은 바로 이런 이유로 – 늘 시대사적으로 조건지어진 아이디어들은 착오를 지니면서 그리스도교적 이상들의 구체적 실현 안으로 흘러 들어와 있는 것이다. 계속 살아 계신 그리스도인 교회 안에서 성령이 역사하는데, 특히 성인들과 교회 안에서 특별한 인정을 받은 신학자들 안에서 그렇다. 그러나 명백한 교설뿐만 아니라 실제적인 삶도 고려되어야 한다.

인식을 주도하는 이해관심은 일차적으로 역사적인 것은 아니다. 오히려 과거의 경험에서 현재를 위하여 배우는 것이 더 중요하다. 그러므로 몇 개의 주된 아이디어만이 요약하여 서술될 수 있다.

2. 교부시대

초세기에는 부유에 대한 개인 윤리적 관점이 그리스도교적 생활에서 교회적 의식의 전면에 자리 잡고 있다. 사람들은 부유와 소유가 도대체 그리스도교와 일치하는지를 스스로에게 물었다. 이러한 태도에 특징적인 것은 알렉산드리아 출신 클레멘스(Clemens)의 저작의 제목인 "어느 왕국이 구원될 수 있을까?"이다. 저자가 이러한 질문에 제시한 서로 다른 대답은 교회 안에서 일반적인 인정을 받았음직하다. 부유한 이가 특히 가난한 이들과 도움을 필요로 하는 이들을 위하여 하느님에 의해 관리를 위임 받은 것처럼 자신의 재화를 사용할 경우에, 부유 자체는 하느님의 나라에서 무조건 배제되지는 않는다.

그러나 동시에 부유에 대한 경고가 교부 시대의 전체 설교를 관통하고 있다. 우리는 오직 '불의한 맘몬'과 함께 자선을 통하여만 하느님께 본래적인 부유를 획득할 수 있다고 카르타고의 치프리아누스와 체사레아의 바실리우스는 논증하고 있다. 바실리우스는 굶주림의 곤경 중에 빈궁한 지역을 허물어 병원 및 양로원과 함께 사회복지 주택을 세우도록 했다. 이 경우에 자선을 베푸는 것은 정의의 의무로서 간주되었다. 그 이유는 부유가 가끔 예컨대 고리대금을 통하여, 즉 가난한 이들의 궁핍한 처지를 이용함으로써 획득된 것일 뿐만 아니라 세계는 그 재화와 함께 하느님의 뜻에 따라 모든 이를 위해 만들어졌고, 이러한 재화는 부유한 이들에 의해 가난한 이들에게 불법으로 주어지는 것이어서는 안 되기 때문이다. 좀 더 약화된 형식에서는 부유한 이들이 최소한 신분에 알맞은 생계유지에 필수적이지 않은 자신들의 '잉여'의 일부를 자선으로서 가난한 이들에게 분배해야 한다는 이러한 의무가, 정의의 계명이 아니라 오직 사랑의 계명으로서 일지라도, 가톨릭의 윤리신학 교재에서 부분적으로는 금세기에 이르기까지 구속력 있는 것으로서 엄격하게 강화되었다.

때때로 개별적인 교부들은 재화가 모든 인간의 복지를 위하여 규정되어 있고 아무도 재화를 자신만을 위하여 사용해서는 안 된다는 것을 매우 강력하게 주장했으므로, 사람들은 교부들의 설교에서 사유재산 질서 일반에 대한 비난을 발견할 수 있다고 믿었다. 그러나 그것은 오해일 것이다. 당시에 공산주의적 경제 질서는 전혀 토론의 대상이 아니었다. 교부들에게는 당시에 지배적이던 부유한 이들로 이루어진 소수의 상류층과 가난한 이들로 이루어진 다수의 대중 사이의 극심한 반대관계를 극복하는 것이 중요한 일이었다. 교부들은 복음의 이름으로 단호하게 가난한 이들의 편에 섰기 때문에 부유에 대한 그들의 비난은 공산주의적으로 해석될 수 있었다.

3. 수도승

그리스도교는 박해시대 이후 공적으로 인정된 종교가 되었다. 그러나 그때부터 또한 늘 세속화의 위험과 싸우지 않으면 안 되었다. 수도승들은 이에 반대하는 저항 운동으로서 엄격하게 복음에 따라 살고 복지와 도시의 부패를 멀리하면서 생활하기 위하여 광야로 옮겨 갔다. 이 경우에 '세속'에서 벗어나는 한 표징인 자발적인 소유의 포기가 중요한 역할을 했다.

아타나시우스(Athanasius)의 증언에 따르면 수도승의 아버지인 안토니우스(Antonius)의 회심의 동기는 매일 읽는 성경구절 중 하나인 부유한 청년에 관한 구절이었다고 한다. 이 구절은 수도승 운동의 출발점을 이루었다. 이러한 운동 안에서 은수자들은 예수를 온전히 따르는 표징으로서 광야에서 묵상과 수작업의 엄격한 생활에 헌신하기 위하여 자신들이 가진 것을 포기하였다.

이 경우에 은수자들은 개인적인 모든 재산을 포기하지는 않았고 다만 꼭 필요한 옷, 가구와 도구만을 지녔다. 그들은 자신들의 생계를 노동을 통하여 도맡았고, 노동은 동시에 명상을 뒷받침해야 했다. 공동체 생활을 하는 수도원에서는 예컨대 파코미우스(Pachomius, 역주: 290~346, 이집트 출생, 공동생활을 하는 그리스도교 수도원의 창시자)의 규칙에 따라, 사람들이 수도원 공동체로 결집했을 때, "신도들은 모든 것을 공동으로 소유하였다"(사도 4,32)는 사도행전의 말씀에 의지하여 모든 소유권이 공동체로 넘어갔다. 여기에서도 노동은 공동체의 생계유지를 위하여 엄격하게 규정되어 있었다. 후기의 탁발 수도원에서와 같은 탁발은 은수자 수도승들과 수도원들에는 없었다.

수도승의 이상의 발전을 위하여 그리스적 영향(명상적인 삶으로부터 전향하게 하는 '세속'에 등을 돌림)이 일정한 역할을 했을 수 있는데, 더 중요한 것은 당시의 교회가 부유로부터 멀리 떨어져 있고 진정한 무욕 안에서 지내는 그 출중한 대표자들의 삶을 그리스도교적 이상으로서 간주했다는 사실이다. 복음을 순수하게 실현하려고 한 사람은 소유를 포기하지 않으면 안 되었다. 그런데 이러한 이상을 실현함에 있어 이미 교회의 전체 역사를 통하여 수도원의 생활을 동반한 난관도 발생했다. 부족한 현실감각과 세계에 대한 책임을 개인적인 경건에 소급하는 것, 개인적 소유권을 포기함에도 생긴 수도원들의 집단적 부유가 그것이다.

4. 아씨시의 프란치스코

교회가 중세 사회로 진입하기 위하여 지불해야 했던 대가는 복음의 도덕적 요구를 실현하려는 철저함의 상실이었고 현존하는 사회적 관계와 함께 어느 정도의 세속화에 적응한 것이었다. 제도로서의 교회 자체는 부유하고 막강하였다. 그런데 또한 늘 거듭하여 저항 운동이 결과로서 등장하였는데, 이러한 운동 안에서 가난한 그리스도와 함께하는 가난한 삶에 대한 동경이 표현되었다. 물론 자주 이러한 동경은 또 신체를 적대시하는 마니케이즘의 이교적 특징 및 종파적인 특징과 혼합되었는데, 이러한 특징에 따르면 모든 소유는 악한 물질로 얼룩진 것으로서 단죄되었다.(Petrus Waldus의 종파, 순결파, 알비파)

비로소 아씨시(Assisi)의 프란치스코라는 종교적 천재의 덕택으로 그리스도를 위한 자발적 가난의 비전이 교회의 삶을 위하여 다시 풍요롭게 될 수 있던 방식으로 구체화하는 데에 성공하였다. 그는 교회 안에서 우선 오해와 한계에 부딪쳤을지라도, 자신이 교회를 위하여 파견과 위임을 받았다고 하는 의식으로 꽉 차 있었다. 즉 그가 자주적으로 받아들인 복음의 특정한 말씀에, 예컨대 돈, 식량 준비, 옷을 갖지 않는 사도들의 파견(마태 10,9)에 혹은 불의한 맘몬의 말씀(루카 16,9-13)에 그 원천적인 발광력을 부여할 의식으로 꽉 차 있었다. 이 경우에 그는 개인뿐만 아니라 공동체와 관련하여 자신과 자신의 형제들을 위하여 어떤 재산도 없이 그럭저럭 살아가기를 원하였다. 우리는 이러한 이상을 실현함에 있어 그의 수도원이 처해 있는 난관을 알고 있다. 그런데 모든 소유의 완전한 포기와 특히 돈에 대한 경시는 상징적으로 당시의 인간들에게 중세의 봉건적 화폐 귀족정치로부터 그리고 부상하는 자본주의의 정신으로부터 분명히 거리를 두고, 하느님의 섭리에 대한 무조건적 신뢰에 의해 각인되어 있는(마태 6,25-34 참조) '양자택일적 생활방식'을 주목하도록 하였다. 그래서 작은 형제회의 수도승들의 생계를 유지하기 위한 탁발을 그렇게 이해할 수 있다. 자선은 이 수도승들이 가난한 이들과 대등하게 됨으로써 얻는 요구이며 주님 때문에 모든 것을 포기한 이들에게 그 분이 약속한 열매(마태 19, 29 참조)이다. 물론 더 오래된 수도원에서는 아직 있지 않았지만 또 거의 같은 시기에 설립된 도미니코(Dominikus) 수도원들에는 흔했던 이러한 탁발은 전적으로 특정한 사회적 전제에 연결되어 있었다.

자발적으로 선택한 완전한 무소유의 이러한 생활방식이 사회와 교회 안의 소수에 의해서만 선택될 수 있다고 해도, 이런 방식은 철저하게 그리스도교적인 실존의 형식으로서 교회의 의식(意識)에 깊은 영향을 끼쳤다. 프란치스코는 이승적, 물질적 세계를 결코 악한 것으로서 경멸하지 않았으면서도 – 바로 하느님의 창조와 삶의 아름다운 일들에 대한 그의 기쁨은 그를 사랑할 만하게 만든다 – 우리가 그리스도인으로서 어떻게 단순함과 소박함 안에서, 소유, 지식과 권력을 통하여 더 높은 사회적 위치를 추구하는 데서 벗어나 충만한 삶에 이룰 수 있는 길을 보여준다. 프란치스코가 이러한 생활방식에 대하여 교회의 승인을 얻으면서, 교회를 위한 가난의 의미가 다시 올바로 해석되었다.

5. 토마스 아퀴나스

위대한 교회학자인 토마스 아퀴나스는 '가난과 부유'라는 주제에 대하여 전적으로 다른 종류의 기여를 했다. 그는 도미니코 수도회원으로서 자신이 탁발 수도회의 일원이었을지라도 이론적으로 제도로서의 재산을 근거지우고 정당화했다. 이미 언급했듯이 교부들의 설교에서는 모든 사유재산 일반에 대한 거부가 복음의 이름으로 해석되게 하는 적지 않은 대목이 발견된다. 다른 한편으로 동일한 교부들이 재산질서 자체를 일반적으로 제거하려 하지 않았다는 것, 예컨대 모든 이가 모든 것을 공유하고 그 때문에 가난한 이들과 부유한 이들 사이의 반대관계를 철저히 극복하려고 노력했다는 점은 확실하다.

이러한 외견상의 모순의 해결은 교부들이 근본적, 체계적인 질서정치의 범주가 아니라 사목적 및 개인 윤리적 범주에서 생각한 데에 있다. 그러나 이제 토마스는 그의 위대한 신학대전에서 전적으로 근본적으로 다음의 질문에 접근한다. "어떤 것을 재산으로 소유하는 것이 허용되는가?"(S Th Ⅱ Ⅱ q.66a.2) 그의 답변에서 토마스는 한편으로 구입과 관리의 정당화와 다른 한편으로 물건의 사용권을 구별한다.

근본적인 숙고의 출발점은 토마스가 앞선 항목에서 전개한, 인간에게 외적재화의 사용권이 부여된다는 생각이다. 이것은 한편으로 인간이 재화에 의존해 있음에서, 다른 한편으로는 인간적 사용을 위한 재화의 적합성에서 생겨난다. 그런데 이러한 권리는 우선 인간들 일반에 대하여 그리고 재화 일반에 대하여 유효하며, 특정인들에게 재화를 분배하는 것에 대해서는 아무것도 말하지 않는다.

사회재산질서, 즉 특정한 물질적 재화를 특정인에게 지정하는 것은 비교적 실용적인 논변으로써 근거짓는다. 개인은 자신의 소유에만 더 많은 관심을 둔다. 공동 경제적 질서에는 노동 동기가 결여되어 있다. 나아가서 사유재산질서에서 물건을 조달하고 관리함에 있어 관할(권)이 더 잘 규칙적으로 단속된다. 마지막으로 재화공동체는 오직 불만과 분쟁으로만 이끈다.

그러므로 사유재산질서를 지지하는 근거는, 이러한 방식으로 재화의 사용이 개인의 주관적 권리에서가 아니라 공동선의 의미에서 더 잘 보장된다는 데에 있다. 그 밖에 토마스 아퀴나스에게 있어 사유재산은 오직 재화의 공급과 관리만을 뜻한다. 사용에 있어서 "인간은 타인의 수요에 어려움 없이 외적인 재화를 함께 나눌 정도로, 외적재화를 재산으로서가 아니라 공동소유로서 고찰하는 것이 좋다." 이로써 토마스는 전통의 근본 진술을 고려하는 셈이다. 부유한 이는 자신의 재화를 또한 가난한 이들을 위하여 처리할 권리와 의무를 지닌다. 이 경우에 토마스는 암브로시우스(Ambrosius)를 인용한다. "생계유지 이상으로 소유하는 것은 강제적으로 획득된 것이다." 사유재산권은 자연권은 아니지만 "인간적 이성을 통한 발견을 근거로 자연권에 부가된다."

토마스의 이러한 숙고는 교회의 재산에 관한 학설에서 오늘날에 이르기까지 이후의 전체 시대에 방향을 제시하는 것으로 되었다. 사유재산에 대한 권리는 모든 이를 위한다는 의미에서 재화를 더 좋게 사용하는 데에 기여한다는 이유에서 그리고 그런 한에서 옹호된다. 그러나 가난한 이들을 희생하여 부유한 이들의 특권으로 이끌어서는 안 된다. 그런데 사회적 차별의 극복은 주로 자신에 대한 부유한 이들의 의무에 의해 기대된다. 사회정책적 조치를 통하여 가난한 이들의 처지를 개선할 가능성과 필연성은 19세기에 이르기까지는 아직 의식의 지평 밖에 있었다. 이러한 재산 이론은 현존 관계들을 고정시키는 보수적 결과를 갖게 되었다.

Ⅶ. 현대 산업사회의 가난과 부유

1. 새로운 문제의 차원

산업혁명과 그로부터 귀결된 사회의 변화와 함께 가난과 부유에 대한 문제는 새로운 차원을 얻게 되었는데, 이러한 차원은 교회의 전통적 학설에 의해서는 관찰될 수 없었고 사람들은 이에 대하여 늦게야 자각하게 되었다. 그리스도교적 성경의 명령이 우리 시대에 어떻게 실현되어야 하는가 하는 현실적인 판단에 이르기 위해서는 이러한 새로운 상황에 대한 특징적 구별이 분명하게 연구되어야 한다. 그렇지 않으면 우리가 그리스도적 삶을 실현하기 위하여 바로 과거의 사회적 조건에 전형적이던, 그래서 가능한 방식으로 복음에 의거하여 현재의 긴박한 과제를 등한히 하는 가치관념에 방향을 두게 되는 위험이 있게 된다.

2. 사회적 문제인 가난

사람들은 계층별로 나눠진 중세의 신분질서의 해체와 산업적 노동자 프롤레타리아 계급의 발생과 더불어 전체 민중 집단 및 계급의 가난이 사회적 및 정치적 조건들에 의존한다는 것을 자각하게 되었고, 이러한 조건들은 단순히 기존의 자연적이거나 심지어 하느님이 원한 질서처럼 받아들여지지 않고 인간에 의해 만들어진 것이며, 그 때문에 또한 정치적으로 변경될 수 있고 집단적 책임의 영역에 속하는 것이었다. 이로써 가난과 부유의 반대관계는 개인적 자선을 통하여가 아니라 오직 혁명적 변혁에까지 이르는 사회의 개혁을 통해서만 해결될 수 있는 본래적인 '사회문제'로서 나타났다. 이 문제에 대하여 전통의 학설은 충분한 모델을 제시하지 않았다. 오히려 인간의 존엄성에 관한 복음의 이해에 잘 상응하는 인간적 공동생활의 질서는 창조적 기획을 통하여 발견되어야만 했는데, 그런 종류의 질서의 실현과 관련하여 그리스도인에게 어떤 과제와 의무가 부과되는지 설명되어야 했다.

이미 본래적 의미에서 사회윤리적인 이러한 문제에 대한 요약 정리로부터 결과적으로 '가난과 부유'라는 문제영역이 얼마나 엄청나게 확장되었는지가 명백하게 된다. 처음부터 명백하고 보편타당하거나 심지어 특별히 그리스도교적인 해결은 있을 수 없다. 개별 국가들에 있어서 너무 다른 역사적 관계들, 매우 다르고 상호간에 부분적으로 반대되는 수많은 관점들이 고려되어야 한다. 그리스도교적 사회윤리는 가난한 이들을 위하여 개별적으로 무엇이 일어나야 하는지 직접적 규정을 정식화할 수 있기보다는 정치적 영향을 통하여 가난한 이들의 처지를 개선할 가능성이 매우 다양하게 있다. 정치에서는 모든 것이 모든 것과 어떤 방식으로든지 관련되므로 소득 및 재산의 정책을 위한 구체적이고 구속력 있는 규정에서 교회는 정치의 전체 영역을 직접적으로 관찰하게 될 것이다. 다른 한편으로 도덕적 목표의 표상이 중대한 역할을 하지 않는 탈가치적(가치중립적) 정치는 없다. 마지막으로 개인윤리적으로 동기화한 도움을 통하기보다는 정책적 조치를 통하는 방법이 가난한 이들의 처지를 개선하는 데 훨씬 더 효과적이 될 수 있다.

그러므로 그리스도교적 사회윤리와 이에 상응하여 또한 가톨릭 사회론 에는 다음의 이중과제가 부과된다.

a) 그리스도교적 사회윤리는 명백히 잘못된 인간상을 기반으로 하는 그러한 개념들에 대하여, 예컨대 순수하게 개인주의적이거나 기본적 인권이 침해되는 사회에 관한 집단주의적 이해에 반대하여 가능한 정책적 양자택일의 영역을 경계지어야 한다.

b) 그리스도교적 사회윤리는 보다 나은, 모든 인간의 존엄성에 더 상응하는 사회적 질서가 어떤 모습을 보일 수 있고 또 보여야 하는지 하는 목표의 표상을 제시해야 한다. 그런데 이를 위하여 취하는 조치에 대한 결정은 본래적 정치의 영역에 속한다. 이러한 결정도 정치적으로 책임 있는 이들이 합목적성의 기준에 따라 내려야 하며 직접적으로 도덕적인 문제는 아닌 것이다.

3. 가난한 이들을 위한 투신

이 경우에 그리스도교적 복음에서 유래하는 적어도 네 개의 논점이 방향을 제시한다.

a) 모든 인간은 똑같은 방식으로 예수 그리스도 안에서 하느님에 의해 구

원으로 부름을 받았다. 이로부터 완전한 경제적 및 사회적 평등에 대한 요구가 아직은 직접적으로 생기는 것은 아니지만, 모든 이에게 기본적 인권을 보장하여 온전히 인간적인 삶의 전개를 가능하게 하는 정의로운 사회질서에 대한 요구는 생겨난다. 하느님의 모상이라는 인간에 관한 그리스도교적 이해는 또한 사회적 삶을 형성함에 있어 정의의 질서를 형성하는 것으로 작용할 수 있어야 한다.

b) 가난한 이들을 위한 복음의 우선적 사랑에 상응하여 그리스도인들은 특히 경제적 및 사회적 발전을 통하여 변두리로 몰려난('주변화한') 집단, 계층 및 계급을 위하여 투신해야 한다. 이들은 19세기 이후 그리고 오늘날에도 산업노동자들이며, 개발도상국에서는 농업노동자들이다.

c) 사회적 구조는 '자연적으로' 주어진 것이 아니고 또한 맹목적으로 작용하는 사회적 힘의 결과일 뿐만 아니라 그 자체로 자주 인간의 죄성과 관련되는데, 이러한 사회적 구조는 '제도화한 불의'일 수 있다. 사회적 구조 안에서 그리스도교적 전통이 '원죄'라고 부르는 것의 사회적 차원이 표현된다. 이러한 불의는 무조건 억압자들에게 그리고 언제고 한번 피억압자들 자신들에게 반드시 알려지는 것은 아니다. 그런데 불의는 인권의 객관적 침해가 인식되고 시정에 대한 가능성이 마련되는 순간에 개인적인 죄가 되지만 포착되지는 않을 것이다.

d) 이에 상응하여 예수 그리스도 안에서 일어난 구원은 개인에게 해당될 뿐만 아니라 또한 바로 제도적 규약 안에서 인류와 관련된다. 복음에 약속된 구원은 우연치 않게 '사적' 범주가 아니라 사회적 범주 – 하느님의 나라, 평

화, 해방, 정의, 화해 – 로 규정된다. 그래서 구원의 변화시키는 힘은 또한 사회적 제도를 고려해야만 한다. 세속적 세계사와 그리스도교적 구원의 역사 사이에는 분리가 존재하지 않는다. 이 두 관점의 연결이 어떻게 한쪽의 역사에 더 가깝게 고찰되어야 하는지에 관하여 구체적으로 진술하는 것은 매우 어렵다고 해도 말이다.

이러한 숙고로부터 가난한 이들과 억눌린 자들의 편에서 사회적 정의를 기하여 투신하는 것은 그리스도교적 사랑의 계명을 실현하기 위하여 변화한 상황에 상응하는 새로운 형태를 묘사하는 것임이 드러난다. 부유한 이들과 권력자들은 그와 같은 특별한 투신을 필요로 하지 않는다. 그들은 그들 자신을 도울 수 있다.

4. 자본주의적 생산 양식

사회적 관계들의 변화는 새로운 생산양식의 발전에 의존한다. 산업화 이전의 세계에서는 토지가 주된 물질적 생산의 요소였다. 농부가 상속받은 재산은 종종 처음으로 농부의 혼인관계의 성립을 가능하게 한 반면, 후에 태어난 아들과 딸들은 생계의 토대가 없으므로 자주 미혼으로 있어야 했다. 그 밖에 도시에는 수공업자들이 있었는데, 그들의 직업의 수행은 조합의 법규에 따라 조절되고 제한되었다.

현대기술의 발전과 더불어 생산된 생산의 수단(자본)은 경제과정을 위하여 점증적으로 중요하게 되었다. 이로써 한편으로는 생산직 일자리의 수가 이제까지 예견하지 못한 범위로 증가하게 되었다. 다른 한편으로 도시로 밀려든 인간들은 극도의 가난에 맞서 확실한 의지처로 발견했던 자신들의 사회적 결합에서 내동댕이쳐졌으며, 경쟁에서 일자리를 둘러싸고 서로 겨루었다. 이제 '부유'는 자본재에 대한 처리 및 이 재화에 의존해 있는 노동자에 대한 지배력을 뜻했다. 투자된 자본의 가능한 한 최고로 높은 수익과 관련하여 경제의 기본법칙은 점점 더 기업 상호간의 경쟁이 되었다. 경제사회는 산업분야에서 다음의 두 계급으로 나뉘었다. 생산수단의 소유자('자본가')와 소유가 없는 노동자('프롤레타리아'), 즉 부유한 이들과 가난한 이들이다.

노동조합 안에서 노동자들이 연합함으로써, 노동자를 위한 국가적 입법을 통하여, 사회보장의 다양한 체계와 다른 발전을 통하여 과거의 냉혹한 반대관계가 본질적으로 완화되었다. 그러나 산업적 생산재를 소유한 이들의 상대적으로 좁은 층과 오직 작은 범위 안에서만 이러한 재산에 참여하는 노동자 대중으로 나누어지는 사회의 분열은 아직 극복되지 않았다. 물론 공산주의가 추구하듯이 생산수단의 소유가 공적인 손으로 넘겨짐으로써 노동하는 인구의 삶의 운명을 위하여 많은 것이 얻어진 것은 아니다. 오히려 재산과 연계되어 있는 권력의 문제가 훨씬 강화된 정도에서 제기되었다.

반대관계의 극복은 한편으로 넓은 계층 안의 재산 형성에서, 즉 산업자본에 참가하는 데서 찾는 것이 좋을지도 모른다. 그런데 이 경우에 우리는 이제까지 수많은 시도에도 불구하고 어느 정도의 시작 단계를 넘어서지 못했다. 다른 한편으로 선출된 대표자에 대한 기업의 결정에 공동결정권을 가짐으로써 노동자의 이익 관심이 보장되어야 한다. 다시 말하면 대기업은 고유한 종류의 비교적 자립적인 구성체로 발전했고, 자본주(출자자)는 기업경영에 자주 매우 간접적인 영향력만을 행사한다. 어떤 방법으로 '가난한 이들'과 '부유한 이들' 사이의 반대관계가 – 자본재에 대한 소유라는 의미로 이해된 – 극복될 수 있는지에 대한 논쟁은 과거 150년의 전체 정치적 토론을 지배했는데, 이러한 의미에서 '가난한 이들'이 비교적 소비재를 풍부하게 공급받고 있다고 해도 말이다.

5. 국제적인 복지의 격차

그런데 오늘날 한 민족의 집단 및 계급들과 전체 국가의 인구의 대부분, 그리고 심지어는 세계의 일부는 다른 일부와 비교할 때 경제적 의미뿐만 아니라 말의 포괄적인 의미로도 가난에 시달리고 있다. 가난한 국가와 부유한 국가들 사이에 거의 극복할 수 없는 거리가 있고 상호간의 영향과 원조의 가능성이 적게 보이는 한, 생활필수품의 부족, 기아의 재앙, 질병 및 문화적 도야 가능성의 제한과 같은 가난의 상황은 변경할 수 없는 사실로서 받아들여질 수밖에 없었다. 이러한 전제들은 오늘날 아직 주어져 있지 않고, 그래서 가난과 부유 사이의 국제적 균형의 문제가 20세기 후반의 중심적 사회문제로서 제기된다. 이러한 사회문제는 엄청나게 다양하고 복잡하므로, 이러한 관계 안에서 해결에 가장 중요한 관점들을 모아 놓을 어떤 시도도 행해질 수 없다. 과잉 상태로부터 부유한 나라들이 가난한 나라들을 물질적 및 정신적으로 도와주는 것인 '발전을 위한 원조'만으로는, 그것이 한 순간에 긴급조치로서 매우 중요할 수 있다고 해도, 가난의 해결에 충분하지 않다는 것만이 지적되어야 할 것이다. 그리스도교적 사랑과 연대의 정신에서 유래하는 '자선'만이 실제적 상황에 의해 요구되는 것이 아니다. 그 이유는 산업국가들 자체가 이들의 영향력과 경제적 힘을 통하여 개발도상국들의 가능한 발전을 방해하기 때문이다. 더 정확하게 말하자면 국제적 정의의 질서를 세우는 것이 중요하다. 그와 같은 질서의 실현은 특히 두 개의 근본적인 난관에 부딪힌다. 첫째, 관계들이 매우 복잡하고 비전문인들은 거의 이해할 수 없으므로 그리스도인도 자신의 양심에서 비교적 덜 불안하게 느끼고, 어쨌든 전문가들조차도 일치하지 않는 한, 구체적으로 무엇을 할지를 모른다. 둘째, 민족적 이기주의에 맞서 국제적 정의의 질서를 관철할 힘이 결여되어 있다. 그래서 수많은 선의의 그리고 효과적인 조치에도 불구하고 지난 20년 동안 국제적 차원에서 가난한 이들과 부유한 이들 사이의 차이는 감소되기 보다는 오히려 증가했다.

6. 생활공간의 부족

이러한 관련에서 아직 최근 몇 년 동안 '성장의 한계'라는 표어 아래 활발하게 토론되었던 문제가 고려되어야만 한다. 이 문제는 그 근본적 특징에 있어서 아주 새롭지는 않다. 인간들은 수천 년 동안 생활에 필요한 자원의 부족 및 단견적 행위를 통하여 자기 생계의 기초 자체를 파괴할 위험과 함께 살 수밖에 없었다. 이러한 문제의 세계적 범위와 특정한 종류의 경제적 사상이 이 문제를 도외시한 사실은 전형적으로 현대적인 것이다.

현대 자연과학은 인간에게 그를 둘러싼 세계에 대한 인식, 변경과 지배의 가능성을 점증하는 정도로 마련했다. 조작 가능함의 예술로서의 기술은 가난을 오직 분배의 문제로서만 나타나게 했다. 늘 더 완전한 자연에 대한 지배는 계속 성장하는 부유로 이끌 것이다.

이 경우에 경제적 계산은 장기적 숙고에 따르는 것이 아니고 공급과 수요의 법칙에 상응하여 일시적 부족의 시세를 따르므로, 재생 가능하지 않은 재화는 비축이 곧 소진될 수 있기 때문에 이제 절약하여 취급되어야만 한다는 가능성을 고려하지 않았다. 대체물로 회피함으로써 극복될 수 없을 절대적 부족은 도외시하였다.

이러한 진보사상에 대하여 지구가 인류에게 삶의 가능성으로서 제공하는 것에 한계가 있다는 근본적인 한계를 우리는 오늘날 다시 자각하게 되었다. 우리가 로마클럽(역주: 저명한 학자와 기업가, 유력한 정치인 등 지도자들이 참여해 인류와 지구의 미래에 대해 연구를 하는 세계적인 비영리 연구기관)이 실시한 통계를 늘 개별적으로 평가하듯이, 원료와 에너지의 원천은 한계가 있고, 이제까지의 방식으로 경제적으로 생산하는 것은 인간적 삶의 조건들을 위태롭게 하는 환경 파괴의 원인이 된다. 산업국가의 '부유한' 주민의 현재 생활태도를 이미 살고 있는 전체 인구에 확장하는 것은 생각보다 빨리 재앙으로 이끌 것이다. 개발도상국들에 있어서 가난의 극복은 현재 산업국가의 생활태도를 지향해서는 불가능하고, 반대관계의 극복은 또한 지구상의 생활공간의 한계를 고려하는 산업국가의 생활태도에 대한 철저한 변화를 요구한다. 그러한 종류의 필요한 변화가 어떻게 팽창과 경쟁의 사상에 의해 각인되어 있는 경제체제 안에서 이루어져야 하는지는 아직 예측될 수 없다. 이 경우에 실제적인 기본 가정에 대하여조차도 서로 다른 견해가 있다. 아무도 미래의 관계들에 관한 명확한 그림을 그릴 수 없다. 어떤 이들은 경제체제가 과거와 같이 새로운 관계에 적응할 수 있고 우리가 지금은 아직 상상할 수 없는 돌파구를 발견할 수 있다고 믿는 반면, 다른 이들은 이제까지 역사에서 아직 출현하지 않은 일회적인 전환점에 관하여 언급한다. 그러므로 이러한 전환점은, 인류 전체의 세계적 가난의 가능성에서 출발하면서, 완전한 사고의 전환을 요구한다.

오랜 시기 동안 기술적 및 경제적 자연의 지배는 신학적으로도 정당화되었고 "너희는 땅을 정복하라"(창세 1, 28)는 하느님의 창조의 위임을 실행하는 것으로서 긍정적으로 평가되었다. 그러나 이로써 자연의 무한한 착취에 대한 지배권이 정당화되는 것이 아니라 보살펴야 하는 자연과의 관계가 전적으로 권고된다는 것을 좀 더 상세한 원전의 해석들이 알게 한다. 노동을 통하여 하느님의 창조사업을 완성하는 일이 인간에게 위임되었다. 인간은 자체로 하느님의 모상이며 그 때문에 하느님의 창조계획을 인식하고 땅을 소유하는 처지에 있다. 그러나 땅을 파괴하기 위해서가 아니고 정원 안에서처럼, 그리고 그

다산성을 이용하듯이 거기에 살기 위한 것이다. 바로 하느님의 창조계획을 감지하는 것과 동시에 땅의 유지가 인간에게 위임된 것이다.

이 경우에 우선 모든 것을 지닌 땅은 모든 인간과 민족의 사용을 위하여 규정되어 있다. 가난한 이들과 부유한 이들 사이의 차이가 전적으로는 극복되지 않는다 해도, 소유의 분배는 생활필수품에 대한 접근이 모든 이에게 보장되도록 이루어져야만 한다. 이에 대하여 모든 인간적 규정, 요구와 권리는 이차적인 것이며 이러한 목표 다음에 와야 한다. 그리스도인들의 과제는 그 자체로부터 차이가 더 커지고 감당할 수 없게 하는 경제체제를 가난한 이들을 위하여 개혁하는 데에 투신하는 것이다.

이러한 목표는 부유한 나라들이 물질적 번영이나 적어도 성장에 있어서 어느 정도의 희생을 감수함이 없이는 달성되지 않는다. 그런데 이러한 나라들은 특히 바로 그리스도교적 전통으로 각인된 나라들이다. 복음과 부유에 대한 복음의 비난을 회고함에 있어 그와 같은 필수적인 포기와 실제적 물질주의에 대한 거부는 소비사회에 더 단순하게 해당됨직하다.

VIII. 가난한 이들의 교회

1. 가난에 관한 최근의 토론

역사적 개관이 보여주려고 했듯이 교회는 예수 그리스도의 위임에 의해 늘 특별한 방식으로 가난한 이들과 연대하여 있음을 알고 있었다. 그런데 다른 한편으로 교회는 늘 제도로서 부유한 이들과 권력자들과 함께 제휴하고 스스로 부유하게 될 위험에 처해 있었다. 교회는 제도로서 이 세상 안에서 살며 이를 위하여 어느 정도의 세속적인 소유를 필요로 한다. 그러나 이러한 부유가 교회에 위험으로 되었을 경우에 늘 거듭하여 가난한 교회를 요구한 쇄신 운동이 등장했다.

그래서 최근에도 복음적 가난의 정신으로 되돌아가기를 요구하는 운동이 교회 안에서 감지될 수 있다. 이러한 되돌아가기는 특히 제2차 바티칸 공의회 중 주교들의 수많은 개입에서 표현되었고 수많은 곳에서 공적인 공의회의 문헌 안으로 들어와 있다. 사람들은 복음이 요구하는 이러한 '정신적 가난'이 아주 자주 단지 내적인 태도로서 순수하게 영성적으로 오해되었다는 것을 유감스럽게 생각하여, 이러한 가난의 정신은 생활양식과 특히 가난한 이에 대한 봉사에서 구체화할 것을 요구했다. 교황 바오로 6세는 가난을 현대 교회의 가장 중대한 문제라고 불렀다.

2. 단순한 생활양식

토론에서는 '복음적 가난'이 오늘날 변경된 관계 아래에서 예수 그리스도의 외형적 생활양식을 모방하려는 시도를 뜻할 수 없음이 금세 분명해졌다. 그런데 제도로서의 교회와 성직자들은 또한 밖을 향하여 스스로 가난하고 박해받으며 유랑하며 살았고 우리들 때문에 가난하게 되신(필리 2,6-10) 예수 그리스도의 정신에 관하여 증거를 제시할 수 있어야 한다. 이는 상징적으로 호화의 과시 및 특혜의 포기에서 그리고 주교들과 사제들의 단순한 생활양식에서 표현되어야 하는데, 이러한 생활양식은 공의회에서 요구되었다. 수도회에서 가난은 재화를 사용함에 있어 법률적으로 단지 장상에게 의존하는 것에 제한되지 않고 주변 환경에 알맞은 대로 수도회 전체가 말하자면 가난의 집단적 증거를 제시하도록 노력해야 한다. 사치, 무질서한 이익 추구, 그리고 재물 축적의 허상은 회피되어야 한다.

3. 가난한 이들과 더불어 살기

그러나 '가난한 이들의 교회'는 더 이상의 것을 뜻한다. 가난한 이들은 교회가 자신을 그들과 함께 특별한 방식으로 동일시하는 교회의 우대받는 지체이다. 그리스도가 가난한 이들에게 기쁜 소식을 가져오기 위해 파견되었음을 스스로 아셨듯이(루카 4,18) 교회의 봉사는 특히 그들에게 해당된다. 이것은 특별한 노력을 요구한다. 그 이유는 활동적인 교회 구성원들이 사회학적으로 오히려 사회의 상위계층과 중산층에 속하고 노동계층은 교회로부터 가장 멀리 떨어져 있기 때문이다. 그런데 사회적 거리를 극복하기 위해서는 교회의 지도자들이 자신들의 삶을 나누고 노동자들의 관심사를 자신의 것으로 만들어야 할 것이다. 그래서 공의회 이후에 노동자들의 삶의 운명을 가능한 대로 나누고 이로써 교회 내적으로 계급의 장벽을 극복하기 위한 전제를 마련하려는, 처음에는 의심받던 노동사제들의 시도가 다시 받아들여졌다. 이와 함께 의심의 여지없이 어느 정도의 갈등의 소재가 교회 자체 안으로 들어왔다. 하지만 이것은 교회가 자신의 사명에 상응하고 가난한 이들에게 고향을 제공하기를 원한다면 불가피한 일이다.

가톨릭 교회는 19세기 말 이후부터 자체의 사회교리로써 가난한 이들, 특히 산업화 이후 궁핍에 처한 노동자 계층을 위하여 투신하여 사회적 부정의를 극복할 것을 요구했다. 새로운 것은 사회적 관계의 개혁이 권력자 및 부유한 이들 그리고 어떤 방식으로 책임을 지닌 모든 이를 향한 교회 지도부의 도덕적 호소를 통하여 위로부터 이루어질 수 있을 뿐만 아니라 아래로부터도, 즉 바닥으로부터 시작해야만 한다는 사상을 강조하는 점이다. 스스로 가난의 삶을 사는 이만이 가난한 이들의 처지, 궁핍 및 그들의 가능성을 이해할 수 있다. 예컨대 노동사제와 같은 사회적 사도직에서 혹은 라틴 아메리카에서 바닥공동체를 형성함에 있어서 교회를 빈민층에 다시 임재하게 만들고 조직적으로 편입하는 것이 중요할 뿐만 아니라, 첫째 과제는 교회와는 먼 문화적 세계를 해명한 다음 또한 이 사람들에게 공동으로 자신들의 가난에서 해방되기 위한 도움을 제공하는 일이다. 가난한 이들과 사는 것은 교회 자체도 풍요롭게 되는 것인데, 그동안 그러한 삶의 실천에 대한 영성적 경험과 신학적 성찰은 복음의 잊어버린 관점을 밝게 드러나게 하여 교회의 쇄신에 이바지한다.

4. 가난한 이들을 위한 투신

그 밖에 이어지는 생각이 이와 관련된다. 교회의 전통적인 사회적 가르침은 비교적 조화로운 사회상에 의해 규정되어 있다. 인간의 상호관계 중 늘 드러나지 않은 채 있으나, 특히 역동적 사회에서 드러나는 사회적 갈등은 자체의 긍정적 의미에서 충분히 평가되지 않았고 어느 정도 그리스도교적 이웃사랑의 외투에 가려졌다. 그런데 가난한 이들을 위한 더 많은 정의를 지향하는 사회적 상황의 변혁은 정치적 힘을 투입함으로써만 이루어진다. 교회의 공적인 지도자들이 가난한 이들의 권리를 위해 투신하면, 권력자의 저항, 혐의, 박해들을 예상하여야만 한다. 라틴아메리카에서는 교회가 가난한 이들을 도와 그들의 권리를 얻게 하고 '가난한 이들의 교회'로서 신용이 있기 위해 얼만큼 정치적으로 나아가도 괜찮고 또 나아가야 하는지의 문제가 아주 격렬하게 제기되었다. 교회는 억압과 폭력이 '국가적 안정'의 이름으로 명백히 교회를 지지하고 교회의 가장 본래적인 종교적 과제에 대하여 제도적으로 지원할 준비가 되어 있는 사람들에 의해 행사되는 바로 그러한 경우에도 제도화한 불의에 맞서 저항해야만 한다. 분명한 정치적 태도 표명을 통하기보다는 권력자들에 대한 도덕적 영향을 통하여 가난한 이들을 위해 더 많은 것을 달성할 수 있다는 희망에서 정치적 고려를 하는 방식으로 가난한 이들을 위해 매우 활동적인 투신을 포기하려는 유혹이 떠오르게 된다. 그 밖에 정치적 상황에 대하여 낱낱이 도덕적으로 분명한 판단을 내리는 것은 어려우며, 해방운동 또한 자주 교회가 인정할 수 없는 이데올로기적 사조로부터 자유롭지 않다. 그래서 교회 안에서도 정치영역 안으로 몰고 들어가는 가난한 이들을 위한 구체적 투신은 논쟁거리이며, 로마 교회가 갈등을 첨예화하려 하기보다는 완화를 촉구하는 것은 놀랄 만한 일이 아니다. 이 경우에 또한 제도로서, 예수 그리스도의 위임에 충실하려고 한다면, 특히 가난한 이들을 위하여 투신해야 한다는 점은 이론의 여지가 없다.

발터 케르버

참고문헌(Literatur)

B. Albrecht, Dimensionen evangelischer Armut (Meitingen 1978)

G. Albrecht, Die "Subkultur der Armut" und die Entwicklungsproblematik, in: Kölner Zeitschrift für Soziologie und Sozialpsychologie 21 (1969) 430-471

P. Bachrach, Macht und Armut (Frankfurt a.M. 1977)

H. Bacht, Die "Bürde der Welt". Erwägungen zum frühmonastischen Armutsideal, in: ders., Strukturen christlicher Existenz (Würzburg 1968)

P. L. Berger, Welt der Reichen, Welt der Armen (München 1976)

F. Beutter, Die Eigentumsbegründung in der Moraltheologie des 19. Jahrhunderts (Wien 1971)

A. Böckmann, Die Armut in der innerkirchlichen Diskussion heute (Münster-schwarzach 1973)

A. Böckmann, Prüfstein Armut. Die Herausforderung des Ordenslebens heute (Freiburg i.Br. 1981)

M. Caldwell, The Wealth of some Nations (London 1977)

Y. Congar, Die Armut im christlichen Leben inmitten einer Wohlstandsgesell-schaft, in: Concilium 2 (1966) 343-354

Y. Congar, Für eine dienende und arme Kirche (Mainz 1965)

H.-J. Degenhardt, Lukas, Evangelist der Armen. Besitz und Besitzversicht in den lukanischen Schriften (Stuttgart 1965)

K. Demmer, Zeugnis der Armut? Theologische Überlegungen zum Gelübde der Armut, in: Theologie und Glaube 61 (1971) 413-440

D. Dognis, Das Eigentum und die modernen Wirtschaftsstrukturen nach der Lehre des hl. Thomas von Aquin, in: Die Neue Ordnung 15 (1961) 321-327; 422-430

K. Farner, Theologie des Kommunismus? (Frankfurt a.M. 1969)

W. Friedberger, Der Reichtumserwerb im Urteil des hl. Thomas von Aquin und der Theologen im Zeitalter des Frühkapitalismus (Passau 1967)

J. K. Galbraith, Gesellschaft im Überfluß (München-Zürich 1959)

P. Gauthier, Die Armen, Jesus und die Kirche (Graz 1964)

J. G. Gourbillon, Der Gott der Armen im Alten und Neuen Testament (Düsseldorf

1971)

A. Hammann, Arm und reich in der Urkirche (Paderborn 1964)

W.-D. Hauschild, Christentum und Eigentum. Zum Problem eines altkirchlichen "Sozialismus", in: Zeitschrift für evangelische Ethik 16 (1972) 34-49

R. L. Heilbroner, Jagd nach Reichtum. Aus der Chronik der Habgier (Köln 1960)

M. Hengel, Eigentum und Reichtum in der frühen Kirche. Aspekte einer früh-christlichen Sozialgeschichte (Stuttgart 1973)

P. Henrici, Die christliche Armut (Frankfurt a.M. 1966)

A. Horváth, Eigentumsrecht nach dem hl. Thomas von Aquin (Graz 1929)

F. Kautsky, Vorläufer des neueren Sozialismus, 2 Bde. (Berlin / Ost 1947)

O. Lewis, The Culture of Poverty, in: ders., Anthropological Essays (New York 1970) 67-80

C. B. Macpherson, Die politische Theorie des Besitzindividualismus (Frankfurt a.M. 1973)

F. Marxer, Christliche Armut heute (Aschaffenburg 1970)

T. Mende, Überfluß und Armut. Entwicklungspolitik vor der Entscheidung (Düsseldorf 1972)

J. B. Metz, Armut im Geiste (München 1962)

J. B. Metz, Zeit der Orden? Zur Mystik und Politik der Nachfolge (Freiburg i.Br [3]1978)

G. Myrdal, Politisches Manifest über die Armut in der Welt (Frankfurt a.M. 1974)

O. von Nell-Breuning, Armutsidee und Entwicklungshilfe, in: Stimmen der Zeit 176 (1965) 331-342

O. von Nell-Breuning, Kapitalismus-kritisch betrachtet. Zur Auseinandersetzung um das bessere System = Herderbücherei 497 (Freiburg i.Br. 1974)

Paul VI., Über den Fortschritt der Völker. die Entwicklungsenzyklia "Populorum Progressio" (Freiburg i.Br. 1967)

F. F. Piven, Regulierung der Armut. Die Politik der öffentlichen Wohlfahrt (Frankfurt a.M. 1977)

K. Polanyi, The Great Transformation. Politische und ökonomische Ursprünge von Gesellschaften und Wirtschaftssystemen (Frankfurt a.M. 1978)

K. Rahner, Theologie der Armut, in: Schriften zur Theologie VII (Eindiedeln 1966) 435-478

J. Roth, Armut in der Bundesrepublik (Frankfurt a.M. 1976)

H. F. Schalück, Armut und Heil. Eine Untersuchung über den Armutsgedanken in der Theologie Bonaventuras (München-Paderborn 1971)

O. Schilling, Der kirchliche Eigentumsbegriff (Freiburg i.Br. 1930)

A. Schulz, Zu einer neutestamentlichen Grundlegung der "monastischen Armut", in: Erbe und Auftrag 41 (1965) 443-459

J. Seipel, Die wirtschaftsethischen Lehren der Kirchenväter (Wien 1907)

H. W. Singer, Rich and poor countries (Baltimore 1977)

B. Steidle, Die Armut in der frühen Kirche und im alten Mönchtum, in: Erbe und Auftrag 41 (1969) 460-481

G. Switek, "In Armut predigen". Untersuchungen zum Armutsgedanken bei Ignatius von Loyola (Würzburg 1972)

A. Tévoédjrè, Armut, Reichtum der Völker (Wuppertal 1980)

A. Fr. Utz, Freiheit und Bindung des Eigentums (Heidelberg 1949)

D. Wedderburn (Hg.), Poverty, Inequality, and Class Structure (London 1974)

G. L. Wilber (Hg.), Poverty: A New Perspective (Lexington 1975)

F. Wulf, Evangelische Armut (Meitingen 1973)

경제와 도덕

에밀 큉(Emil Küng)

Ⅰ. 발전사적 배경

1. 작은 공간의 농업경제에서 산업사회와 세계경제로

한편으로 경제와 다른 한편으로 도덕의 상호관계를 해명하는 것이 중요한 경우에 우리는 여기서 '문화적 지체'(cultural lag)와 같은 것, 즉 다양한 문화 요소의 동시적이 아닌 발전이 성립한다는 서론적 언급을 우회하지 않는다. 오늘날까지도 아직 우세한 도덕의 구성요소들은 물질적 생활조건들이 대부분 오늘날과 아주 다른 시대에서 유래한다. 이와 반대로 변경된 관계를 향한 도덕적 계명과 금령의 적응은 전혀 이루어지지 않았다.

이는 가정 안이나 다른 친밀한 공동체 안의 관계처럼, 그 본성상 항상적으로 있는 인간관계가 문제시되는 곳에서는 어디서나 전적으로 정상적이며 납득할 수 있는 것이다. 그럼에도 이런 사정은 새로운 종류의 인간 간의 문제가 나타나는 경우에는 훨씬 덜 옹호된다. 그럼에도 불구하고 바로 이런 사정은 앞으로도 경제학의 영역에 해당되는 이야기다. 도덕에서 통용되는 주장은 그 내용과 표현방식에서 명백히 작은 공간의 농업사회나 심지어는 유목사회의 특징을 지니고 있다. 그럼에도 우리는 그 사이에 산업사회로, 즉 전적으로 다른 도덕과 관습이 지배하는 상태로 들어가 성장한 것이다.

실상은 아마 큰 은행의 외환거래자가 어떻게 해야 하는지에 대하여 십계명이 아무런 방향을 제시할 수 없다는 것으로 가장 명백하게 특징지어질 것이다. 전승된 규범들은 그 핵심에 있어 '소집단의 윤리'를 구체적으로 표현한다. 이들 규범은 각자가 거의 모든 타인을 알고 있는 개관 가능한 사회에서 무엇을 행하여야 하고 행하지 않아야 하는지에 대한 규칙들을 지니고 있다. 그런 종류의 '대면집단'(face-to-face groups)에서 사람들은 익명의 동반자나 맞수와 관계하지 않는다. 그러므로 보통 자연적이거나 길들여진 심리적 압박의 문턱이 지리적으로 아주 멀리 떨어져 있고 개인적으로 모르며 '낯선' 사람이나 집단에 대해서보다는 높은 것이다. 여기에서는 물론 이웃 사랑으로는 충분치 않다. 이웃 사랑은 오히려 멀리 있는 사람에 대한 사랑으로 대치되어야 할 것 같다.

이에 대한 몇몇의 예를 들기로 한다. 가정과 같은 소집단에서는 재산질서가 엄격하게 한계지어진 개인적 재산에 의거하지 않는다는 의미에서 '공산주의'가 설립한다는 것은 아주 당연하다. 유일한 '부양자'만이 소득을 얻는다고 해도 모든 식구가 그것으로 먹고산다. 가정살림의 용품은 길게 물을 필요 없이 가족 모두가 사용해도 좋은 것이다. 식구들은 건강하고 병든 나날에 서로 돕는다. 분배(예, 케이크 조각)는 성과를 따르지 않고 필요에 상응하여 이루어진다. 내적 도덕은 달리 표현하면 시장의 '받기 위해 주는 것'(Do ut des)이 주도하는 외적 도덕과는 다른 것이다. 그럼에도 불구하고 지난 수백 년간 경제사회에 특징적인 것은 관계의 범위가 친밀한 집단을 훨씬 넘어 멀리 확장되었다는 사실이다.

이전에는 전투적인 대결에서 1대 1로 대면하여 맞섰다면 오늘날의 지하사령부에서는 어떤 사람이 단추를 눌러야 하는지 아닌지가 중요하다. 용기는 요구되지 않는다. 발사된 대륙간 탄도 유도탄이 파괴할 바는 메가톤급의 TNT로 표현되지만, 개인적인 고통과 상상력과는 별로 관계가 없다. 핵무기 실험을 통하여 방출되어 온 지구 표면 위에서 그 결과를 감지할 수 있는 방사능도 아주 유사한 형편에 있다.

교회법에 의한 중세의 이자 금령은 당시의 관계에서는 충분한 의미가 있었을 수 있거나 없었을 수도 있다. 유럽시장에서 모든 경계를 넘어 수십억 달러의 거래가 초속으로 계약되는 경우에 그것이 현재 무엇을 의미하는가는 전혀 예측할 수 없는 일이다. 그러나 이 경우에 세계무역은 적절한 재무체계를 필요로 하며, 통화의 자유로운 교환가능성과 국제적인 무역의 제한을 구축하는 것이 재화 및 지불의 유통과 차관을 엄청나게 팽창시킴으로써 세계적 범위에서 자본 요인을 팽창케 하는 동기를 부여한 것은 우연이 아니다.

그런 종류의 변혁에 직면하여 법이 도덕을 따를 수 없고 다만 극히 천천히 발전한다는 것은 분명해진다. 도덕의 자리에 법규범이 들어서고 이것은 국가 공직자에 의해 선포된다. 법규범 자체만으로는 경제적 통합과 운명공동체를 향한 추세를 더 이상 따라 갈 수 없게 되었다. 물론 이와는 전혀 별도로 법질서의 특징은 오직 필수불가결한 최소한의 것을 조정하는 데에 있다. "재판관은 사소한 것에 마음을 쓰지 않는다."(De minimis non curat praetor) 재판관은 사소한 것을 배려할 수 없다. 공공연하게 드러난 공백은 여전히 관계자의 양심이 메워 주어야 한다. 도덕적 의식이 경제적 존재의 뒤를 겨우 절룩거리며 따라간다면 양심은 어떻게 형성될까?

2. 소기업의 자본주의에서 연합경제와 기업 집중으로

우리가 제1차 산업혁명 이후에 생긴 변천을 주시한다면 특히 기업들 가운데서 경쟁이 나타나는 형태가 있는데, 이것을 주목해야 한다. 원래 큰 혹은 작은 회사들은 다소간에 저렴한 가격을 요구함으로써 똑같이 자기 역량을 보여주려고 한다. 상호간의 이런 저가 입찰이 고객의 이익이 되고 어떤 특별한 정당화도 요구되지 않는다는 것은 명백하다.

그럼에도 원자적이며 작은 수요자와 공급자가 경쟁하는 이런 고전적이며 교과서적인 시장 형태는 이에 부가된 행동양식과 함께 시간이 경과하면서 점점 더 다른 모델에 자리를 내주었다. 사람들은 더 이상 주어진 품질에 만족하지 않고 이것을 변형시켰다. 생산 절차가 개선되든 제품이 변형되거나 완전히 새롭게 제조되었든 간에 과학과 기술은 진보를 달성하기 위하여 사용되었다. 이런 쇄신의 경쟁은 물론 새로운 욕구의 보증과 충족에 연결되어 있다. 그러나 자동차 회사와 TV 회사가 소비자의 복지에 유익한지 아닌지는 최소한 토론을 요구하는 문제이다. 어쨌든 새로운 상품의 생산자들에게는 구매자의 삶의 질을 개선하는 것이 아니라 금고를 불리는 것이 중요하다.

또한 많은 경우에 달라진 것은 경영과 기업의 크기이다. 그 결과는 흔히 지사(支社)에 속하는 관계자들이 적어지게 될 뿐인 것이다. 이런 소수 대기업 독점의 시장형태는 각자가 자신의 행동을 다른 사람의 행동에 반작용하여 평가하는 것이 특징이다. 시장가격은 더 이상 그 자체로 받아들여야하는 여건이 아니라 영향을 줄 수 있는 변수이다. 따라서 가격을 지배하는 사람을 추종하거나 아마도 다른 대책을 취하는 다른 사람들이 있다. 어쨌든 개별적인 대기업 독점자가 예컨대 개별적 농부, 수공업자나 소매업자보다 사태의 경과에 대해 훨씬 더 많은 책임을 지게 된다.

이는 물론 사령부로부터 조절되지만 거의 전 세계에 분산된 생산지와 판매회사를 가진 다국적 기업에 특히 현저하게 해당된다. 여기에서는 국제무역이론이 아직까지도 가정하듯이, 상품 유통이 더 이상 국경을 넘어서는 구매와 판매를 의미하지 않는다. 그 대신 카르텔 내에서 대차계산을 통하여 '조정'되며 계산 가격의 액수에 주된 의미를 부여하는 자매회사에 대한 납품이 중요하다. 가능한 대로 조세부담이 낮은 지역이나 모회사의 소재지일 경우에, 이 가격이 얼마나 높게 책정되느냐에 따라 여기에서나 저기에서 이익이 생긴다. 대기업 독점가든 심지어 독점기업가든 가격과 이익의 수준에 영향을 줄 수 있는 사람이면 누구나, 소기업의 경쟁에서 시장 참여자에게 행해지는 것과 같은 소비자에게 도움이 되기 위한 같은 압력의 지배를 받지 않는다.

그 이상으로 연합하기 위한 다양한 가능성이 있다. 시장의 힘은 비교적 중요한 시장 점유율을 지닌 독립적 회사에 의해서만 행사되지 않는다. 카르텔이 형성되고 이와 함께 집단적 독점의 세력이 협상용으로 이용되는 가운데 시장의 힘은 또한 얻어질 터이다.

그 밖에 그것은 단순히 오늘날 하나의 역할을 하는 시장 조건에 대한 직접적인 영향만은 결코 아니다. 오히려 국가적 경제정책의 힘을 활성화하여 자신의 이익을 위해 가동하는 데 성공하는가, 그리고 얼마나 성공하는가 하는 문제는 최소한 지사의 소속원에게도 결정적으로 중요하다. 원조와 보호관세, 사회정책과 재정정책은 국민소득 및 시장성과에 대한 분배의 기준에 영향을 미친다. 이렇게 시장경제는 이제 도처에서 연합경제로 되어 버렸다. 집단다원주의의 이런 체제에서는 여러 위원회와 국회에서 표를 얻어 결정을 유도하고 '공적관계'(public relations)를 가동하여 공공의 여론을 설득하는 것이 중요하다. 그런데 종래의 도덕은 이 문제들에 대하여 무엇을 말해야 하는가?

그렇다면 이 자리에서는 예를 들면 어떤 파급효과가 사회적 파트너의 임금

협정 체결에 내재하는가에 대하여 주의를 환기시켜야 할 것이다. 이런 협정은 관습적 특징을 지닌 시장경제 모델로는 결코 설명되지 않을 것이다. 오히려 능력, 요구를 관철하고 저항을 하기 위한 양편의 세력은 거듭 논의 중에 있다. 예를 들면 화폐가치의 발전을 위하여 주주들과 이들의 협정에 과대평가라고 할 수 없는 중요성이 인정되어야 한다는 것은 이미 '노동조합의 통화'라는 명칭에서 유래한다. 이런 명칭은 화폐의 구매력과 관련하여 외부에 있는 제삼자가 또한 얼마나 강하게 체결된 협정에 의존하는가를 마땅히 표현해야 한다. 그럼에도 다시 묻는다면, 어떤 것이 이런 사안에 대한 도덕의 입장인가?

3. 구중산층에서 신중산층으로

중세에는 사정이 더 단순했다. 사람들은 그 당시에 '신분에 알맞은 생활태도'를 당연한 상태라고 주장하여 실제적인 소득의 수준을 이런 등급에 맞게 조정할 수 있었다. 이 경우에 대부분의 사람들은 결과적인 분배에 동의했다. 가격형성은 시장에 맡겨지지 않고 위에서 밑으로 향하여 조정되었다. 어쨌든 현대 산업경제에서 30,000종 이상의 직업이 있고, 한 직종이 사라지고 다른 직종이 급격히 팽창해 있는 경우에 어떻게 대처해야 할까? 여기에서 정부당국에 의한 손해 배상의 확정이 고려되어 있지 않다는 것은 주지의 사실이다. 일자리 선택의 자유가 보장되어야 할 경우에, 이렇게 역동적으로 되어 버린 경제와 사회에서는 오히려 변화하는 결핍 상황에 임금과 봉급을 유연하게 적응시키는 것이 문제가 된다.

이 문제에는 고려할 필요가 있는 다른 발전이 연계되어 있다. 경제 이론에서 사람들은 윤리학과 유사한 방식으로 사실들의 배후에서 꾸물거린다. 그런 경우에 사람들은 늘 자주 '소기업의 자본주의'라는 모델에 따라 사건의 경과를 상상하는데, 이런 모델에서는 경과를 규정하는 수많은 기업이 있다. 실제로 소유자-기업가와 가족 기업은 이와는 반대로 최소한보다 큰 회사에서는 오히려 예외가 규칙으로 되었다. 그 대신 더욱 중요한 기업들은 주로 고용된 경영인에 의해 운영된다. 재산과 지배권은 와해됨에도 불구하고 주식의 소유는 일반적으로 매우 널리 확산되어 있다. 그러나 개별적인 소주주는 실제적인 영향을 주지 못한다.

총지배인도 자신의 법적 및 사회적 지위에 따라서는 근로자와 보조 노동자처럼 자립하지 못한 피고용인이다. 이에 대하여 실제로 자립한 이들의 백분율은 계속 축소되어 있다. 현대 국민경제에서 이들의 백분율은 보통 대략 취업자들의 10~15% 이상을 넘지 않는다. 이는 또한 특히 농업과 개별무역에서 압도적인 집중의 과정이 이루어진 것과도 관계가 있다. 역으로 이른바 제3차 산업인 서비스 업종은 늘 호황을 누리고 있다.

어쨌든 중산층의 개념은 자립한 사람을 뜻하는 종래의 표현에서 다소 확장되었다. 신중산층이 구중산층보다 더 중요하게 되었으며, 신중산층은 회사원과 노동자로 구성되고 수입 혹은 재산의 규모에 맞추어져 있다. 오늘날 대다수의 취업인구를 이루고 있는 근로자들은 충성의 갈등을 거의 불가피하게 만드는 분열된 처지에 놓여 있다.

사람들은 한편으로는 근로자에게 그들이 일하고 있는 회사와의 일치를 기대한다. 근로자들은 노동현장에서 최선을 다하고 긴급 시에는 그들이 속해 있는 조직을 위하여 희생해야 한다. 그래서 '조직인'은 전적으로 '자신의' 회사에 헌신하게 되고, 경영자가 회사의 직무에 전력투구하기 위해 자신의 가정을 소홀히 하게 되면 결과적으로는 심지어 '아버지 없는 사회'와 같은 현상이 생길 수 있다.

다른 한편에는 '노동계급', 아마도 노동조합의 비자립적인 구성원들이 있고 노동의 대표로서 자본에 맞서 있다. 그들의 직접적인 이해관심은 더 많은 임금과 더 짧은 노동시간, 더 쾌적한 노동조건과 증가된 사회적 부수급부로 향해 있는 반면, 기업의 이익과 배당금은 그들의 시야 밖에 있고 잉여가치와 착취로 간주되므로 축소되거나 폐지되어야 할 것이다.

그들이 문제를 해결하는 데에 도움을 주는 것이 도덕의 과제가 아닐까? 그들이 이런 기능을 떠맡아야 한다면, 물론 경제와 도덕의 연결을 현재까지 그렇게 한 것보다는 훨씬 더 밀접하게 만들 필요가 있을 것이다. 특히 윤리신학자들에게는 현대 경제가 지배당하는 그런 법칙성을 더 철저히 아는 것이 요구되어야 할 것이다. 왜냐하면 노동자들은 언제나 '잠 못 이루는 시간'의 대부분을 일터와 사업에서 보내기 때문이다. 이런 일상의 체험이 있으며 주목할 필요가 있는 한계상황만이 있는 것은 아니다.

4. 빈곤사회에서 복지사회로

경제와 도덕의 관계의 발전사적 배경에는 당연히 대부분의 도덕적 규범들이 아직 물질적 빈곤의 압박에 처했던 시대에 생겼다는 지적도 속하는 반면, 오늘날 진보한 국민 경제에서는 대부분의 동시대인들이 그 당시 사회적 상류계층이 마음대로 쓸 수 있었던 수준을 훨씬 넘는 공급수준을 누리고 있다. 이와 함께 문제가 달라지게 되었다.

그래서 사람들은 어느 정도 당연하게 다음과 같이 생각할 수 있다. 이제 생활이 어느 정도 보장된 후에 철학할 시점이 도래할 것이라고. 아니면 베르트 브레히트(Bert Brecht)와 함께 다음과 같이 생각할 수 있다. "게걸스럽게 먹는 것이 먼저이고 그 다음에 도덕이 등장한다." 그러나 덧붙여야 할 것은 그

후에 도덕을 위한 새벽이 동틀 것이라는 점이다. 노동시간이 단축되고 노동이 경감되는 복지사회는 일반 대중에게 자기 발전과 자아실현을 위한 요청이 실현가능한 것으로 보이게 하고, 그러한 현존(Dasein)의 사람됨과 의미 충족을 위한 전적으로 새로운 징조를 만들어 내었다.

우리가 신체적 의미에서 인간들이 최저생계비의 경계에서 근근이 연명하고 생존을 위해 투쟁한 수천 년 동안의 이기주의적 형태에 대하여 이해하고 싶다면, 이제는 다른 생활태도가 가능하고 거의 확실해진 것 같다. 가정 살림이 재래의 혹은 문화적인 최저생계비를 넘어서는 즉시, 명상과 관조, 스포츠와 게임, 희사(喜捨)와 이타주의, 타인에 대한 고려와 공공선에 대한 헌신, 이웃 사랑과 관계가 먼 사람에 대한 사랑을 훨씬 더 기대할 수 있게 되었다. 물론 이런 경우에 우리는 '힘든 시기'에서 유래한 유전질이 그 사이에 타고난 충동과 본능, 즉 종족의 두뇌와 변화하기 어려운 소질의 구성요소로 되었다고 생각해야 할 것이다.

이와 반대로 아량과 예술 보호와 같은 것들이 일반적으로 그런 종류의 태도가 기대되는 이들에게 확실한 공급의 보장과 수준 높은 복지를 전제한다는 것은 분명하다. 이들에게는 부가적인 소득 구성 요소가 감소하는 한계 효용의 법칙이 나타나고, 그렇기 때문에 보통의 경우에 심리적 손해라는 의미에서 자선을 행하기 위한 더 적은 희생을 마련해야 한다. 실제로 더 가난한 주민계층을 위한 개인 간의 재정조정이 부유한 국가에서 가장 뚜렷하게 촉진되는 것으로 관찰된다.

이런 관점에서 결과의 윤리와 심정의 윤리 사이의 구별이 확실히 이루어져야 한다. 부자들에게 불리하고 가난한 이들에게 유리한 재분배가 더욱 큰 차원을 수용했다면, 이는 아마 자발성의 결과가 아니라 민주주의에서 다수결을 근거로 성립하고 당사자들이 그것에 이를 갈며 복종한 제도화된 사회정책의 결과일 것이다. 우리가 심정윤리의 원리들을 따라 자체의 동인에서 성과를 얻은 것만을 인정할 만한 가치로 간주한다면, 결과는 아마 별로 관심을 불러일으키지 않을 것이다. 그럼에도 불구하고 성과는 부정되지 않는다. 평등주의는 우리 시대의 근본 특징이며 기본적인 민주화는 이 시대의 전형적 특징 중의 하나인 것이다.

5. 시장재화에서 집단재화와 비물질적 재화로

발전사적인 배경의 프레스코 벽화를 완성하기 위해서는 복지사회로 이행하는 부수현상으로서 부유하게 되어가는 소비자들이 자신들의 선호를 바꾸는 특징적인 경향을 드러낸다는 것이 강조되어야 한다. 소비자들의 시장상품에 대한 수요가 충족되면 될수록 우선 국가만이 마련할 수 있는 것들에 대한 그들의 욕구가 더 강해진다. 여기에는 법의 안정성과 마찬가지로 사회적 안정성, 맑은 물, 운동경기장과 마찬가지로 교통, 맑은 공기와 같은 소비자 보호가 속하며, 적어도 가까운 휴식공간, 교육의 가능성은 환자 부양과 비슷한 비중을 갖는다.

우리는 발생하는 변동을 또한 다음과 같이 묘사할 수 있을 것이다. 즉 일차적 욕구의 충족 다음에는 이차적 및 삼차적 소원이 눈을 뜨고, 실존적 요구에 문화와 사치의 욕구가 뒤따른다는 것, 그러나 요구된 다수의 욕구충족 수단들은 공장과 가게에서 제공되지 않고 국가에서 유래하거나 심지어는 일반적으로 매입할 수 없는 것들이다. 어쨌든 결과적으로 국민총생산(GNP)에 대한 국가의 소유지분은 분명히 증가했다. 자신의 일을 국가의 최소한의 기능에 제한하는 야경국가는 실적국가에 자리를 내주었는데, 물론 여기저기에서 심지어는 복지국가, 부양국가 혹은 보호국가가 건설되었다.

물론 세간에서 널리 통용되는 이론은 이런 변천을 겨우 불충분하게만 인식했다. 이런 이론은 여전히 시장경제 혹은 사적 경제의 법칙성에 집중한다. 달리 말하면 이 이론은 이익을 추구하는 기업인들을 믿어 세워 놓는다. 그럼에도 실제로 상당한 정도로 생산 과정에 참여하는 것은 관료와 공직자들이다. 이들에게 이익 동기는 자연스럽게 누락된다. 그래서 이들이 실적을 낼 용의가 더 적은 것인가? 늘 그럴 수 있듯이 우리는 대중들이 점점 더 집단적 재화를 요구한다는 사실에 만족해야 한다. 소비자의 주권이 정당한 권리를 보장받아야 한다면 공급이 적응해야 한다. 이를 통하여 우리 경제체제의 특징인 개인주의적 및 집단주의적 특징이 점점 더 공존하는 '혼합질서'의 특징을 갖는다 할지라도.

실제로 시장경제의 이데올로기는 두 영역 중 하나에만 관계한다. 동시에 자신의 활동이 확실히 이익에 정향되지 않은 대학의 기초연구자의 경우도 있다. 자신의 최선의 실적을 내기 위해 돈의 자극에 따라 우선적으로 움직이지 않는 간호사들이 있다. 외적인 동기부여보다는 내적인 동기부여에 의해 더욱 강하게 이끌리는 직업장교가 있다. 기관차 운전기사는 무엇보다도 자신의 의무를 이행하며, 그가 원할지라도 더 많은 일을 할 수 없을 것이다. 경찰관이나 교사, 신학자나 세관원, 이 모든 일들은 공직에 봉사하는 것이지 사적인 기업경영에 종사하지는 않는다. 이들이 자신들의 과제를 올바로 완수해야 한다면 실적의 양심과 같은 어떤 것을 내재화하는 것이 필수적이다.

생활수준이 더 높아질수록 삶의 질에 대한 요구는 그만큼 더 뚜렷해진다. 이제 여기에는 국가의 집단적 재화뿐만 아니라 휴식과 고요함과 같은 것들, 만족스러운 작업 분위기나 행복한 가정생활, 신앙욕구의 충족과 의미필요의 충족, 정서적 결핍과 불평등한 사회적 비중의 제거가 속한다. 사람들이 또한 이런 상품들을 원하는 수량과 품질만큼 마련하기를 국가에 기대한다면, 국가는 전적으로 과도한 요구에 처할 것임이 명백하다. 실제로 니체가 국가를 명명했듯이 '냉혹한 괴물 중의 가장 냉혹한 괴물'이라고 가정하는 법규에 지나치게 얽매이는 신앙은 온기를 확산할 준비가 되어 있을 것이다. 감정의 영역과 사생활의 영역은 오히려 국가의 개입으로부터 가능한 한 벗어나 있다. 그럼에도 생계의 여타의 요소들이 어느 정도 마련된 이후에 결핍이 가장 강하게 감지되는 곳은 이들 영역이다.

Ⅱ. 윤리적으로 중립적이지 않은 경제

1. 광고와 소비사회

원자물리학자들이 자신들의 양심의 가책을 없애기를 원한다면, 자신들의 손을 떠난 에너지는 윤리적으로 중립적이라고 선언한다. 이 에너지는 선한 목적을 위해서도 파멸을 위해서도 사용될 수 있다. 기술자들은 인류에게 오직 수단만을 마련할 뿐 그것을 영리하게 혹은 미련하게 사용하는지 어떤지는 제작자들의 책임에 속하지 않는다. 이것은 다이너마이트, 인쇄기, TV, 자동차, 비행기와 마찬가지로 화약에도 해당된다.

똑같은 방식이 경제에서도 통용된다. 이 경우에는 광고가 더 풍부한 모든 재화 조달의 불가피한 부수현상을 생기게 한다는 언급이 있다. 그것에 어떻게 반응하는지는 광고에 사로잡힌 자의 소관사항이지 광고의 소관부서와 광고 전달자의 소관이 아니다. 시장과 가격형성은 사람들이 포기할 수 없는 기능을 수행해야 할 법하다. 광고 전담자들이 오직 화폐가치에만 눈독을 들이고 생명가치에 신경 쓰지 않는 것은 그들의 책임일 수 없다. 이런 사안은 교회, 문화, 개인적 양심, 가정, 교육의 소관이고 책임이다.

여기에서 어쨌든 경제가 실제로 중립적인가? 아니면 잘 주의해 보면 중립성을 말할 수 없는 기술과 유사한 사정에 처해 있는가?

가정경제나 마을경제의 단계에 머물러 있지 않고 지극히 세분화되어 있으며 전 세계적인 노동 분업이 그 특징인 경제체제는, 시장 파트너들이 어떤 방식으로 상품의 모든 질적인 특징, 가격 및 구매원산지와 함께 처분 가능한 상품에 관해 어떠한 방식으로든 알지 않고서는 기능할 수 없다. 사람들이 이런 상품 거래를 투명하게 만들려면 광고 없이는 힘들다. 계몽 기능의 필요성을 충분히 인정한다고 해도 그 이상으로 광고가 잠재적 구매자에게 암시적으로 영향을 끼치려고 애쓰자마자 사람들은 불쾌감을 억누를 수 없을 것이다.

그러므로 여기서 성과를 얻고자 하는 사람이면 누구나 고객들이 간절히 바라는 것을 부추기고 소유욕을 자극하며 설득하는 것을 회피하기 어렵다. 고객들이 사회에서 상류층에 속하며 유행에 따라 옷을 입는 것과 기술의 최신 성과를 누리는 것을 계산에 넣는 데에 가치를 둔다면 어떤 대가를 치르고라도 수요상태에 있는 상품을 소유할 수밖에 없을 것이다. 따라서 호소는 거의 오직 허영이나 명망의 추구, 같은 모양에 대한 욕구 혹은 (예금) 인출의 충동, 따라서 윤리적 입장에서 흔히 특별히 높이 평가되지 않는 욕구로 향한다. 게다가 우리가 날이면 날마다 내맡겨진 이런 광고의 집중포화는 우리 안에 지니고 있는 가치의 등급을 혼란시키는 데 매우 적합하다는 것이 드러난다. 그 이유는 광고가 우리의 행복과 안녕이 선전된 상품에 달려 있고 그것 없이는 오늘날 더 이상 살아갈 수 없다고 우리를 설득하기 때문이다. 우리가 정직하기를 원한다면 바로 그런 이유로 현대의 시장경제가 관념론과 물질주의와 관련하여 중립적이지 않고, 경제주체들이 다른 가치보다는 물질적 및 현세적 가치를 훨씬 더 중시하는 세계관을 선호한다는 것을 시인해야 한다. 우리는 관련자들이 완전한 선택의 자유를 가진다고 하는 입장에 순수히 형식적으로 편을 들 수 있다. 그럼에도 이런 지적은 사람들이 경제를 최고로 생각하는 일상에서 이런 방법으로 '행복하게' 되기 위해 시장의 더 많은 상품을 소비할 끊임없는 유혹에 내맡겨져 있다는 사실을 간과하는 것이다.

다른 목표들을 추구하라는 촉구는 비교가 되지 않게 소리가 크지 않으며 이와 반대로 횟수는 많다. 예를 들면 누가 도대체 자연이나 예술을 즐기는 것으로 내적인 만족을 얻을 수 있다는 것에 대해 강조하여 주의를 환기시키고 있는가? 그것으로는 아무에게도 돈벌이가 될 수 없으며 결과적으로 이에 대해서는 광고가 되지 않는다. 누가 이 바쁜 세상에서 명상을 통하여 균형을 유지하는 것을 선전하는가? 또한 누구도 이런 성과를 '판매'하지 않아야 한다. 누가 여가와 그 의미 충만한 준비를 위해 전력투구하는가? 대개는 생산품의 판매를 통하여 그 무엇을 벌기를 바라는 제조업자만이 있을 뿐이다. 그런데 결여되어 있는 것은 값을 정할 수 없는 모든 것, 즉 살 수 없는 것들, 시장을 거쳐 판매되지 않는 모든 것에 대한 선전이다. 그리고 경제는 "또 값을 매길 수 없는 것은 아무 가치가 없는가?"라고 말하는 견해를 강요하는 것은 아닌가?

2. 기술적 진보와 과소비 성향

기업가가 끊임없이 새로운 생산품을 생산하도록 재촉 당하고 이렇게 진보의 경쟁이나 쇄신의 경쟁이 많은 업종에서 고전적 가격경쟁보다 더 중요하게 된 것은 의심할 나위가 없다. 이를 통하여 소비자는 계속하여 개선이라는 대세를 맞게 된다. 시장에 제공된 상품의 수는 눈에 띄게 더 많아져서 개관할 수 없게 된다.

그런데 이제 이런 방식으로 사물에 대한 우리의 태도가 영향을 받지 않는가? 매일 그리고 장기적으로 필요한 상품들이 효과적으로 사용되자마자, 그리고 자주 그것들이 기술적으로 아직 쓸모 있을 경우라 해도, 우리가 그 상품들을 팽개치는 것이 습관이 된다면 사람들도 그와 유사하게 아주 기꺼이 대할 준비가 되어 있는 것은 아닐까? 그 안에서 이른바 견고한 상품들조차 몇 년마다 새로운 모델로 교체되는 문명이 노인을 존경해야 한다는 상반된 원칙에 의거하는 사람들에 대한 태도와 어울리는가? 기계공학은 자동기계와 더불어 살아 있는 동료 노동자도 생산수단으로 간주하는 데 한 몫을 하지 않는가? 우리는 새것이 자신도 모르게 더 좋은 것과 동일시되는 사고방식에 지각없이 길들여지고 나서 이런 태도를 악의 없이 문학과 철학에도 옮겨놓는다. 결과적으로 우리는 예컨대 시장에 새롭게 제공된 것 이외의 다른 것을 더 주워 모으지 않는다.

모든 것이 실제로 저절로 대답되는 수사적인 문제일 뿐이라면 기술적 진보는 선한 것도 악한 것도 아니고 오직 이익 취득자가 그것을 이용하기에 달렸다고 말하는 것이 핑계라는 것은 자명하다. 왜냐하면 낭비 풍조는 의심할 것 없이 이익 취득자와 쇄신의 경쟁을 통하여 촉진되고 강요되기 때문이다. 그런데 이것은 또한 사회의 내부에서 그리고 일반인들에게 확산되는 태도이다.

그 밖에 기술적 진보가 우리의 사고와 행동을 여전히 다른 방향에서 영향을 미친다는 것은 이론의 여지가 없는 것이다. 사람들은 신체적 활동의 부담에서 차츰 더 벗어나게 되는 한 거기에 안주하도록 되어 있다. 자연지배가 아직 훨씬 결여되었던 우리네 선조들에게 중노동은 당연한 것으로 간주되었다. 이와는 반대로 현대인들에게 이런 노동은 점점 더 기계를 통하여 감소된다. 그 대가로 앉아서 생활하는 방식이 널리 퍼져 있고 어차피 노동자에 비하여 사무직원이 계속 증가하고 있다. 가정살림에서의 노동은 모든 종류의 기계적

도우미를 통하여 경감된다. 특히 사람들에게 스스로 움직이는 일을 줄여 주고 게으름으로 유혹하는 것은 모터로 움직이는 교통수단들이다. 이런 교통수단이 문명병을 유발하기 십상인 운동부족의 주범이다.

물론 이런 고발은 약간 적게 세분화된 것이다. 왜냐하면 사람들이 차량 때문에 무조건 너무 적게 움직인다고 보기는 어렵기 때문이다. 다만 걷는 것보다 차를 탈 유혹은 크다. 그러나 이 유혹에 빠지느냐 아니냐는 개인의 뜻에 달려 있다. 앉아서 생활하는 방식과 거주지와 직장 사이를 차를 타고 다니는 것이 기정사실이라면 이런 수동성을 그 밖의 알맞은 신체활동을 통하여 보상할 가능성은 늘 있는 것이다. 다만 이에 대해서는 각별한 결심이 필요하다. 그리고 이런 결단은 누구나 할 수 있는 것은 아니다.

달리 말하면 편안함을 거스르는 저항은 의식적으로 행동으로 옮겨져야만 한다. 그럼에도 소비사회가 그 본질상 모든 포기를 반대하는 데에 초점이 맞추어져 있다면 이런 저항은 소비사회의 특징에 어긋나는 것이다. 예를 들면 아동교육에 아동이 자신의 뜻대로 하도록 내버려 두자는 방향이 있다. 이를 허락하지 않는 상황은 잘못된 것으로 간주된다. 소원과 성취 사이에 큰 간격이 있지 않아야 한다. 성적 욕구에 있어서도 그렇다. 충동의 억제는 금기시된다. 부자유가 있어서는 안 된다.

여기에서 표현되는 바는 소비사회의 정신과 다른 것이 아니다. 이런 정신은 물론 시장의 상품과 관계없는 영역에 옮겨진다. 가능한 대로 슬픔이 적고 근심이 없는 것이 중요하다. 욕구는 단시일에 충족되어야 한다. 물론 무엇보다도 손에 넣을 수 있는 경제의 생산물에 눈독을 들인 사람들이 이에 해당한다. 다른 말로 하면 특별한 의미로 추구되는 소비의 기쁨이 있다. 이 경우에 성적 욕구는 소비욕망과 같은 단계에 위치하게 된다. 더 고상한 감동은 존재하지 않거나 적은 단계와 짧은 시간 안에 충족되어야 한다.

3. 노동시장과 문제점

이 경우에 긴장의 장(場)이 보이기 시작한다. 현대 소비사회의 구성원은 소득의 수령자와 소비자로서 응석받이로 매달리게 되며 잘못 길들여지게 된다. 그에게는 모든 수고가 경감될 수밖에 없고, 그는 거의 오직 단추만을 누르며 핸들과 몇 개의 페달을 조작하고 슈퍼마켓에 비축하며 사우나에 누워 땀을 빼게 되어 있다. 스스로 하는 일은 그에게 더 요구되지 않는다.

그럼에도 이 소비의 낙원과 게으름뱅이의 천국 바로 옆에는 수입이 얻어지는 생산의 영역이 있다. 여기에서 사람들은 정확성을 요구한다. 그 이유는 그렇지 않을 경우 분업적 요소의 협력이 작동하지 않을 것이기 때문이다. 여기서 사람들은 나아가 노력과 투신, 의무감과 실적을 기대한다. 한층 더 승진하기를 원하는 사람은 누구나 평균 이상의 헌신을 통하여 두각을 나타내야 한다. 그는 수년 동안 필요한 지식과 능력을 습득해야 한다. 그는 그 이상으로 근면과 끈기, 감당 능력과 좌절에 대한 저항력, 신뢰와 회사에 대한 충성, 경영 능력과 창조적 아이디어, 관철 능력과 강인함과 같은 아주 단호한 개성을 지녀야 한다.

전혀 상반된 이런 요구들이 개인을 모종의 갈등으로 몰아넣는다는 것은 확실하다. 좀 과장하여 말한다면, 그는 고객으로서는 왕이고 이와 반대로 동역자로서는 종복이다. 그는 소비자의 자격으로는 주인인 체 할 수 있지만 이와 반대로 부하로서는 머슴이다. 그는 근무시간 후에는 자신이 하고 싶은 일을 할 수도 있고 내버려 둘 수도 있다. 이와 반대로 그는 그 이전 시간에는 타율적인 규칙에 얽매여 있다. 경제는 소비자가 가능한 대로 지출을 많이 하기를 바란다. 회사원들은 극도의 절약을 보여주어야 한다. 현대인은 자유 시간에는 거의 타율적 규범에 둘러싸여 있지 않다. 다른 한편으로 그가 공장단지나

사무실에 발을 들여놓는 즉시 지시의 홍수가 그를 에워싼다. 이런 급속한 역할 교체가 거의 틀림없이 의식을 분열하게 하지는 않는가?

그런데 특히 이와 같이 매우 다르게 형성된 생활영역의 극단적인 공존이 양자에 중대한 일일 수 있지 않는가? 실제로 생산영역에서 명령을 받아들이고 자존심을 상하는 사람들이 이런 방식으로 쌓인 불쾌감을 진정시키기 위해 가정에서는 폭군과 가족의 전제군주인 체하는 일은 흔히 관찰된다. 거꾸로 기업 안에서 소비자의 태도를 이 영역에 응용하는 것이 남의 시선을 끌지 않는다는 것은 실제적으로 기대될 수 없다. 경제 자체가 기계화와 자동화, 경감과 편의로써 소비자의 안락과 수동성을 촉진한다는 것은 이미 언급한 바 있다. 경제는 이미 만들어진 정신적 태도가 최소한도 넌지시 노동시간과 노동세계에도 드러나는 경우에 이상히 여겨서는 안 된다.

그럼에도 불구하고 노동시장의 문제점은 다른 관점을 지닌다. 생업의 소득이 무엇보다도 생계가 가능하도록 규정되어 있고 그것을 위해 충분해야 한다는 것은 보통 사람에게 당연하게 보인다. 1961년의 회칙 '어머니요 교사'(Mater et Magistra)가 임금은 시장의 조건을 통하여 확정되지 않아야 한다고 주장하는 것은 수요 정의의 입장을 취하는 것이다. 또한 많은 현대적 임금체계는, 일정한 기초임금에서 출발한다는 점과 다음으로 가족수당과 자녀양육보조비가 주요 구성요소에 부가된다는 점을 실제로 보여주었다. 근무 연령과 관계있는 구성요소들도 한결같이 발견된다. 그러므로 사회수당과 수요충족의 원칙이 적용되는 것으로 보인다.

그러나 이런 외견상의 것에도 불구하고 실제적 내용은 반대이다. 그 이유는 회사가 산출된 실적과 같은 값으로, 즉 수익과 잠정적으로는 또 적립금에서 지불할 준비가 되어 있을 때만 기초임금을 지급할 수 있다. 그러므로 비용을 지급하도록 하는 것은 실적이다. 선진적 경제에서는 각자가 스스로 시장성이 있는 실적을 내지 못한다고 해도 그의 최소한의 생계를 보장받을 수 있는데, 이는 사회가 이런 아량을 허용할 수 있기 위해 경제의 총체적 성과가 그만큼 충분하기 때문에만 가능한 것이다.

그럼에도 세계사적으로 볼 때 존엄한 현존에 대한 인권이 유효하게 될 수 있는 것은 전적으로 당연한 것은 아니다. 이를 위한 첫째 전제는 생산의 일정한 상태, 즉 경제적이며 기술적인 정황인데, 이는 신학과 윤리학과는 관계가 없다고 말할 수 있다. 그 다음 둘째 전제는 동료 인간에 대해 주저하는 태도이다. 이런 점에서 동등권의 교의와 동정의 윤리를 지닌 그리스도교는 정의의 표상에 결정적인 영향을 미쳤다. 그러나 그리스도교가 우세한 가운데서조차도 노예제와 노예 신분이 없어지기까지는 수백 년이 걸렸다.

4. 실적사회와 기능적 인간

신분제 사회는 특히, 개인이 본질적으로 출생을 통하여 지정된 신분에 머물러야 하고 다른 계층으로 상승하기 위한 명예심을 발전시키는 것이 허용되지 않는 것을 특징으로 하고 있다. 개인의 사회적 지위는 모든 사람에게 알려져 있으므로 더 많은 사회적 권세를 획득하기 위하여 안간힘을 쓸 필요가 없다. 확실히 이런 사회적 존경은 일반적으로 개인이 무엇을 행하는 것에 대해서가 아니라, 예를 들면 그가 성직자로서 '고상하고 자비심이 많으며 선량'하든, 기사로서 용기를 통하여 출중하든, 평민으로서 경제적으로 성공하든 그렇지 않든 간에, 그의 현재 신분에 의존한다.

그럼에도 이런 종류의 인간에 대한 평가는 계몽주의 이후 확산되는 합리주의, 현세에 대한 강조 그리고 특히 경제에 대한 평가절상이 진행하는 가운데 점차로 사라져 버렸다. 이제 '인간 기계'(l'homme machine)가 사회질서에 주된 이미지로 반영되었다. 실적사회에서 어떤 사람이 동시대 사람들의 눈에 인정을 받으려면 더 이상 존재(Sein)가 아니라 행위에 달려 있게 되었다. 달리 표현하면 한 개인이 100미터를 달리는 데에 얼마만큼의 초(秒)와 그 이하의 시간이 걸리는지, 일 년에 얼마나 많은 필름을 촬영하고 이로부터 얻는 수입이 얼마나 많은지, 외판원 개인이 얼마나 많은 주문을 받아오는지, 자신의 회사의 매상이 경쟁자의 그것과 비교하여 얼마나 많은지, 그리고 얼마나 많은 소득을 벌어들이는지가 중요하다. 평가는 실적에 따라, 노동생산의 양에 따라 내려지고, 이런 생산은 가능한 대로 측정될 수 있고 감독될 수 있어야 한다.

이런 질서에는 거의 생활의 모든 영역에 미치는 경쟁의 정신이 있다. 이런 정신은 예를 들면 동일하거나 유사한 제품을 시장에 공급하는 기업들 사이의 경쟁에만 국한되지 않는다. 우리가 보통 생각하는 드러난 것 이외에도 오히려 다양한 부서들 사이의 기업 내적인 경쟁이 있고 특히 승진을 원하는 개인들 사이에 경쟁이 있다. 마지막으로 다양한 소비자들 – 남성, 여성, 아동 혹은 전체 가정살림 – 이 상호간에 능가하고자 하는 사치경쟁이나 소비자경쟁이 간과되지 않아야 한다. 이 모든 현상은 통틀어 인간이 특히 기능 소유자의 자격에서 역할을 하는 실적사회의 이미지를 낳게 한다. 이런 질서에서 실적동인(動因)이 지나칠 정도로 강력하게 발전되어 있다는 것은 놀랄 만한 일이 아니다. 심지어 가끔은 영양과다(Hypertrophie)를 언급하게 될 정도로 그렇다. 이런 방식으로 경제 기적에 이른다는 것은 놀랍지 않다. 그런데 동시에 과도하게 실적에 매달린 많은 사람들이 신체, 영혼과 정신이 해를 입는다는 것은 마찬가지로 자명한 것이다.

경제에서 거의 실적 잠재력을 지닌 '상품 노동력'만이 요구되고 댓가가 지불된다면 바로 이런 사실과 일치하는 것이다. 물론 인간이 아직도 이런 사태와 연결되어 있다는 것은 불가피하지만 훨씬 지장을 주는 것이다. 노동력과 사적 개인은 늘 최소한 가능한 대로 서로 분리되어야 한다. 르네상스 시대의 '보편 인간'(uomo universale)이 아니라 '기능적 인간'(homo functionalis)이 의문시된다. 이런 기능 소유자의 실적이 기계의 실적으로 대치되는 경우, 진짜 기계는 예민함이 훨씬 더 적으며 심리적인 문제의 부담이 없으므로 더욱 가볍게 취급할 수 있고 지치지도 않는다.

이로부터 이념형적인 실적사회에서 흔히 신체적-정신적-영적 주체인 인간이 질서 있는 노동과정에 대하여 얼마나 방해의 원천일 뿐인가는 분명해진다. 자신의 아이가 집에서 병들어 있다고 해도 지시받은 판매원의 미소 짓기는 이에 대한 특징적인 증세인 것이다. 아무도 은행 경리에게 다리의 통증이 어떠냐고 묻지 않는다. 우리는 치과의사에게 정확한 치료를 기대하지만 그가 직업 외의 어떤 것에 관심을 두는가에 대한 해명을 기대하지는 않는다. 인간은 각자의 기능으로 환원된다. 그리고 이를 통하여 기계가 모범이 된다. 왜냐하면 기계에는 감정이 배제되어 있기 때문이다.

5. 경쟁정신과 무절제

기업들 사이에 당연한 것으로 간주되고 회사 안의 '승진 희망자들' 사이에, 그리고 학교와 스포츠에서 일상적으로 취해지는 태도가 거의 불가피하게 다른 영역들, 예를 들면 소비영역 안으로도 들어가 있다는 것은 벌써 지적된 바 있다. 실제로 이미 청소년기부터 이런 방식으로 사회적 명망을 얻기 위해 다른 사람을 앞지르려고 하는 데 근거한 태도가 지지된다면, 이런 태도가 성인의 생활에서도 중요한 역할을 한다는 것은 불을 보듯 뻔하다. 이에 덧붙여 현대 대중사회에서 신분 보장과 신분 불안이 소비를 탁월함의 특징으로 선택하도록 몰아치게 한다.

물론 이제 '건강한 정도'의 경쟁정신이 일반적으로 활기 있게 작용하는 데 적절하다는 것은 이론의 여지가 없다. 그럼에도 기업 간 그리고 기업 내에서의 과도한 행동이 파괴적인 결과를 불러일으키는 것과 똑같이, 예를 들면 한편으로 구체적인 소비 형태에서, 다른 한편으로는 경쟁심의 형태에서도 지나치게 격렬한 소비경쟁은 해롭다. 요구수준이 점점 높게 정해진다는 사실은, 우선 예를 들면 취업한 어머니들, 또한 수입이 충분하지 않고 결과적으로 늘 더 많이 벌어들이는 것에서 삶의 전적인 의미를 발견하는 남성들에 있어 잘 알려진 결과와 함께, 극단으로 치달은 소득추구에 이르게 한다. 그 다음에는 요구수준과 효과적인 부양 사이에 간격이 상존하는데, 이런 간격은 사람들이 이미 소유한 것을 평가절하하고 다른 생활태도에서 가능할 법한 것보다 더 낮은 생활수준을 갖게 하는 데 크게 기여한다.

'소비의 개척자', 속물, 비용지출 피라미드의 정상에 위치한 유행을 선도하는 계층들은 늘 새로운 것과 진기한 것을 성취하고 지니며 앞서 표출하고, 인기의 수위(기여도)를 보존하고 머릿기사감이 되며 '유행의 첨단'이고 명성의 엘리트에 속하기 위한 압력을 느낀다. 이는 수입을 마련하기 위함뿐만 아니라 그것을 눈에 띄게 사용하기 위해서도, 경영인의 각오와 똑같이 감당하기 어려운 엄청난 수고를 요구한다. 다른 한편으로 모방자들은 자신들이 저항할 수 없고 물질적이며 경제적인 현존의 측면에 가치를 두도록 하는 사회적 강요에 처하는 인상을 갖게 되는데, 세계관이 경제에 별로 의존하지 않는 다른 것에 의해 각인될 경우 이런 강요는 이미 달성된 부양의 수준에 직면해서는 본래적으로 현존에 더 이상 부합하지 않는 것이다.

그럼에도 '성격을 타락시키는' 것은 근본적으로 복지 자체가 아니다. 이런 견해가 널리 퍼져 있을지라도 말이다. 이런 견해는 예를 들면 다음과 같은 널리 알려진 문장에서 표현되는데, 이에 따르면 부자가 천국에 들어가는 것보다 낙타가 바늘구멍을 통과하는 것이 더 쉽다. 이로써 부자는 부유하므로 인색하게 되고 자신의 재산 이외의 다른 것에는 신경을 쓰지 않는다는 것, 그는 인애(仁愛)를 위한 의미를 상실한다는 것 등이 명백히 암시되어야 한다.

이런 특징은 의심할 것 없이 신흥부자들에게 계속 해당되지만 기성 부자들에게는 무조건적으로 적합하지 않다. 달리 말하면 오히려 가난과 냉혹하게 만드는 승진을 둘러싼 투쟁이 있는 반면, 보장된 부유함에 길들여진 자에게는 더 이상 그렇게 근본적인 중요성이 부여되지 않고 낭비하는 것과 경제 외적인 문제에 그의 특별한 주의를 기울이는 것이 허용될 수 있다. 이런 사람은 자신의 지위를 과시해야만 하고 남의 주목을 받기 위한 경쟁에 더 이상 참여할 필요가 없다고 믿는다.

이런 해석이 옳다면 몇 가지 흥미로운 관점이 생긴다. 시간이 지나면서 진보된 국민경제에서 대다수의 사람이 보장된 복지 수준의 상태에 이르도록 돕는 데 성공한다면, 그 밖에 어떤 방식으로 소비경쟁을 향한 충동을 완화할 수 있게 된다면, 요구의 수준과 공급의 수준이 다소간에 차츰 일치된다면, 오늘날보다 훨씬 더 만족이 우세한 상태가 형성될 수 있을 것이다.

이런 '황금시대'는 아마도 결코 요구의 수준이 – 예컨대 나쁜 경험에 의거하여 – 낮추어지게 됨으로써 일방적으로 이루어질 것은 아니다. 다양한 요구수준 간의 격차는 오히려 현재 아직도 최대한 검소하게 살아야만 하는 많은 사람들에게서, 또한 다른 측면에서 좁혀져야 할 것이다. 그럼에도 불구하고 복지의 수준을 올리는 것 그 자체만으로는 추구된 보다 높은 주관적 행복을 보증할 수 없다는 것을 명백히 하는 것에 결정적인 의의가 있다. 오히려 욕망의 나선형이 끊임없이 돌아가는 동안에 이런 목표는 늘 멀리서 사라진다.

6. 도덕교사인 경제

이제까지의 자세한 설명에서 경제는 여러 관점에서 볼 때 원리적으로 중립적이지 않고 전적으로 일정한 영향을 미친다는 것이 이미 분명해졌다. 이것은 아마 우리가 특정 분야의 회사들 사이의 경쟁이 지나치게 치열한 관계에 한번 주목하는 경우 한결 더 분명해질 것이다. 경쟁은 좋은 것이라는 견해가 흔히 내세워진다. 이로부터 경쟁이 많을수록 더 좋다는 결론이 나올 수 있을 것이다.

그럼에도 불구하고 여기서는 실제로 '수확체감의 법칙'과 같은 어떤 것도 통용된다. 여기에서는 말하자면 경쟁이 배제의 경쟁으로 되는 경우에 흔히 전체적 실행은 변질된다. 이제 당사자들에게는 살고 죽는 문제, 즉 먹고 먹히는 문제가 된다. 잘 알다시피 그것은 정글의 법칙이며 거기에서와 비슷하게 더 이상 지켜지는 '경기규칙'은 없다. 그 대신 더 이상 이성적이며 장기적인 숙고가 아니라, 하나의 지푸라기라도 붙잡거나 자신의 구조자를 위험하게 하는 물에 빠진 자의 행동양식의 밑에 깔려 있는 공포에 의한 반사작용이 생긴다. 생산품은 원가에 팔린다. 아마 그렇게 하는 것이 손해와 관련되어 있고 그와 같은 정책이 계속될 수 없다는 것을 사람들이 설명한다고 해도 그렇게 될 것이다. 아마도 일시적인 유동성과 지불 능력의 보증만이 모든 것이 종속되는 우선적 목표로서 나타날 것이다. 사람들은 비용을 절약하기 위하여 자신들의 생산품의 질을 저하시키게 된다. 사람들은 어떻게 해서든지 시장의 몫을 유지하고 자신들의 생산능력을 최대한 활용하기 위하여 다른 사람들보다 싼 값으로 팔게 된다.

이런 해로운 경쟁에서 나타나는 형태들에 대한 우선적인 염려는 이 경우에 전체 집단의 복지에 대한 고려가 없게 된다는 점이다. 오히려 남들에게도 해를 끼치는 '한계도덕의 압박'이 뚜렷하게 드러난다. 남들은 대다수의 의견에 따르고 그들 조건에서도 손해 보는 가격을 감수하도록 강요된다. '싸구려 상품을 파는 경향'(즉 상품의 저질화)은 그것을 시작한 사람의 상품뿐만 아니라 기타 경쟁자의 상품의 신용도 떨어뜨려 이런 방식으로 모든 이에 대하여 추가적으로 판매가 위축되게 한다. 한 사람이 싼값에 판매하는 것은 연쇄작용을 일으켜 다른 사람들이 손해보게 된다.

여기에서 개별적 회사들의 하위체제를 최상화하는 것이 결코 전문체제를 최상화하기 위한 동기를 제공하지 않는다는 사실이 드러난다. 달리 말하면 개인이 자신의 이기주의를 다 살아 내어도 좋고 이런 이기주의들의 연합 작용이 일반적 이익을 촉진한다는 조화의 논제는 맞지 않는다. 이런 일치가 이루어지기 위해서는 예를 들어 불공정한 경쟁에 반대하는 법률의 형태로 보다 엄격한 규칙이 필요하다. 그런 규범들은 저절로 생기지 않고, 자신의 경제적 생존을 둘러싼 투쟁이 심각할 경우에만 가까스로 엄수된다. 이로부터 공공연하게 최상의 경쟁의 강도 같은 것이 있게 되고, 가능한 대로 이런 강도가 초과되지 않아야 한다는 결론이 나오는데, 그렇지 않으면 모든 도덕적 기본명제들이 몰락하기 때문이다.

7. 카르텔과 집단 도덕

물론 이제까지 묘사된 상황에서는 연합의 경향이 강요된다. 이런 경향은 가격을 과도한 하락으로부터 보호하는 방향으로 나아갈 수 있다. 이런 경향의 목표는 아마 품질의 손실과 이에 연결된 전체 생산부분의 '선의'에 대한 손해의 경향을 저지하려는 데 있을 것이다. 그런데 사람들은 특히 과도하게 평가된 능력을 지나치게 큰 방해 없이 제한하려고 한다. 그 이유는 '재평가'

가 공공연하게 이루어질 수밖에 없다는 것에 주목해야 하기 때문이다. 그런 한 파괴적인 경쟁은 철두철미하게 정당한 기능을 수행해야 한다.

이렇게 하여 예컨대 카르텔은 하락을 완화해야 하는 '필요의 자녀'로서 혹은 '경기의 낙하산'으로서 성립한다. 우리는 도덕적 입장에서 '위기의 카르텔'에 동정과 인정을 거절할 수 없을 것이다. 참여자와 당사자들의 자조의 행동이 중요하다. 한계도덕의 숙명적인 압박에 맞서 나아가야 하는 것은 엄정한 규율의 조치이다. 연대(성)의 강화와 전체 집단을 위한 이타적 방지책이 중요하다. 더 높은 지위로 격상되어야 할 것은 내적인 도덕이다. 공공연하게 불리한 결과들과 함께 스스로에게 맡겨진 시장경제의 '자유방임'(laissez faire)은 어떤 질서를 통하여 대치되어야 한다.

이런 논변은 '도덕주의자들'에게는 아주 설득력 있게 들릴 것이 뻔하다. 이와는 반대로 경제학자들에게는 이로써 최후의 말이 아직 발설된 것은 아니다. 경제학자들은 오히려 카르텔의 형성과 동시에 또한 권력단체가 성립하고, 모든 권력은 오용의 유혹이 있다는 것을 염두에 두도록 지시한다. 실제로 시장경제의 범위 안에서 집단적 독점이 후에 '지나치게 비싼 가격'을 요구하고 또한 시장지위에 의하여 관철하는 것을 누가 저지하는가? 능력의 제한이 '너무 멀리' 나아가지 않고 인위적으로 공급을 부족하게 하는 것이 특혜자들의 이익과 함께 실현되지 않도록 누가 염려하는가? 시장 진입이 여전히 보장된다는 것과 달갑지 않은 국외자가 보이콧 조치를 통하여 궁지에 몰리지 않는다는 것을 누가 보증하는가?

이런 질문들을 미루어 볼 때 우리는 카르텔의 허가가 인간에게 매우 우호적이라는 기분을 일으키게 하지만 아마 먼 장래의 영향은 충분히 생각되지 않는다는 것을 알아채게 된다. 최소한 보충의 조치로서 상응하는 감독이 주시되어야 할 것이다. 그 이유는 '반작용하는 힘'으로의 경향에 따라 한편으로는 세력체에 맞서 다른 한편으로는 마찬가지로 강력한 반대세력이 등장할 것이기 때문이다. 세력의 불균형은 오히려 전적으로 일상사인 것이다.

그런데 그와 같은 카르텔이 형성되면 통상적 의미의 경쟁의 자리에 세력 경쟁이 들어선다. 세력 경쟁에서는 구매자를 위하여 상호간에 실적으로써 전력투구하는 것이 제일 중요하지는 않다. 이제 오히려 예를 들면 재정력은 배제의 행위를 특히 염가로써 버티어 내야만 한다. 그 결과로서 개별적 경쟁자들은 탈락되고 '물가의 회복'이 요구된다. 사람들은 상대편에 조건들을 부과하여 어떤 의미에서는 상대편을 착취하려고 한다. 그런데 사람들은 특히 경제 정책적 차원에서 자신들의 비중을 유효하게 하여 자신의 집단을 위하여 결정들을 성취하도록 노력할 것이다.

그래서 결국 국민의 소득을 분배하는 열쇠는 상이한 집단의 조직의 정도에 달려 있다. 결합이 더 잘 기능할수록 '조직의 이익'은 더 커진다. 이런 단체 경제의 경우에 나쁘게 혹은 전혀 조직되지 않는 경제는 명백히 불리하게 된다. 특히 도덕의 문제와 관련해서는, 개별적 집단의 관계에서 전적으로 이기주의적 관점이 작동한다는 것은 어렵지 않게 인식되는 것이다. 따라서 집단자본주의가 도덕적으로 우월할 것이라고 하는 것은 결코 그렇게 확실하지는 않다. 여기에서도 개별적 집단의 하위체계를 최선으로 만드는 것이 무조건적으로 전체체계를 최선으로 만드는 것을 보장하지는 않는다.

Ⅲ. 경제의 추동력

1. 필요악인 소유욕?

인간적 탐욕은 설교단(說教壇)에서는 비난받아야 할 것으로서 지탄된다. 이에 대하여 서양세계의 경제생활에서는 탐욕이, 그것 없이는 살아갈 수 없는 가장 강력한 추동력으로서 간주된다. 동유럽의 국가들조차도 '물질적 이익 관심'의 원리에 호소한다. 공산주의적 인간을 향한 길 위에서 각자는 능력에 따라 사회적 생산에 이바지해야 하고 필요에 따라 이런 생산으로부터 생계를 유지한다는 것이 늘 통용된다 할지라도. 우리는 이 당황스러운 조망에서 어떻게 올바른 길을 찾을 수 있는가?

우선 다음의 한 가지는 확실하다. '자본주의'는 자기이익의 활성화라는 동기의 도움을 받아 세계적으로 유일 최적인 경제성장을 이루었다는 점이다. 자본주의는 최소한 최초의 산업혁명 이후 발전된 국민경제에서 집단적 빈곤이 극복되도록 했다. 현대 국민경제학의 아버지인 아담 스미스(Adam Smith)는 그와 같은 경제체제가, 우선 개별적 주체들의 최소한의 행위 능력의 자유와 연결되어 기능할 수 있음에 깜짝 놀라고 경탄했다.

이렇게 물질적인 성과가 의심의 여지가 없음에도 윤리적 배경은 문제로 남아 있다. 그렇다면 실제로 예컨대 경제지도자의 무분별이 덕이라고 재평가되어야 하는가? 독불장군은 필연적인 현상인가? 교활하고 약아빠진 자가 자신의 승진을 성취하는 반면, 온유하고 현명한 자는 실패하는 것이 맞는 것인가? 명상적으로 타고난 자는 헛수고를 하는 반면, 지칠 줄 모르는 활동가는 보수를 받는가? 사회적 상위계층에서 큰 재력가는 최고의 사회적 특혜를 누려야 하고, 이와는 반대로 분수에 만족하는 자, 검소한 자와 내성적인 자는 하위의 지위를 받아들여야 하는가?

이런 관계에서 아마도 역사관에 대한 어느 정도의 교정이 있어야 할 것이다. 큰 발전의 시초를 불러일으키고 떠받친 기업가들은 결코 보통 만화에서 묘사되듯이 그런 탐욕적인 괴물은 아니다. 오히려 그들의 경제적 활동에서 예배와 같은 어떤 것을 인정하는 사람들이 문제이다. 그들이 성과를 내었다면 그들은 그 성과를 은총과 선택됨의 징표로서 해석한다. 또한 그들에게 치부는 전혀 자체 목적이 아니었고 개인적으로는 아주 검소한 생활을 했다. 그 대신 기업은 꾸준히 확장되어야 한다. 이런 방식으로 급증하는 인구로부터 밀려든 노동자들을 위하여 일자리를 마련하는 데 성공했다.

물론 그 사이에 종교적인 기반은 전반적으로 쇠퇴했다. 개인적 주도권의 자유는 스미스의 기대에 따라 경제적 번영을 이룩했다. 물론 이에 따르는 현상들은 언제나 좋은 것은 아니었다. 자유방임의 시장 메커니즘은 소득과 재산의 분배에 있어서 엄청난 차이로 이끌었고, 이런 차이는 위로부터 아래로 어느 정도의 균형을 호소하는 것이었다. 그렇지 않으면 생계 능력이 없는 극단적인 경우에 굶어죽게 될 지경에 이를 것이다. 이전에는 대가족이 보호조

직과 위험 공동체로서 기능을 했다는 것은 의심할 나위가 없었다. 다만 대가족은 발전의 과정에서 점점 더 해체되었다.

그렇다면 조절되지 않은 경제활동은 흔히 부정적인 외적 효과와 연결되어 있다는 것을 생각해야 한다. 이런 효과는, 오직 사적 이익을 목표로 하는 제지공장이 결코 폐수를 정화하지 않을 것이고 이것은 단지 부가적인 비용만을 초래하는 것에서 나타난다. 이 공장은 그 대신 폐수를 정화하지 않은 채 강, 호수나 바다로 흘려 보낼 것이고 그 결과로서 국민들에게 부담을 줄 것이다. 이와 마찬가지로 후대 또한 그 중 일부를 필요로 한다는 것은 생각하지 않고, 예를 들면 증가시킬 수 없는 자연적 자원이 감소된다. 간략히 말하면 다음과 같다. 상위의 심급이 강제적인 방식으로 이에 대한 조처가 취해지도록 할 경우에만 피할 수 있는 생태적 피해는 경쟁의 압력 아래 생기게 된다. 우리는 이에 대하여 개인적 통찰과 도덕을 신뢰할 수 없을 것이다.

다른 측면에서는 실제적인 방식으로 가장 깊이 뿌리내리고 있는 인간적 충동에 호소하지 않고서는 생산적인 경제가 유지되지 않는다는 것을 수긍해야 한다. 경제학은 일상인 및 평균인과 관계한다. 우리는 또한 시종일관 평균의 윤리에 걸맞으며 지나치게 요구가 많지 않은 규범들을 따를 것만을 이들에게 기대하여도 좋을 것이다. 고차적인 윤리는 사회적 엘리트에 적절할 수 있거나 과도적인 절정의 인기 단계에서는 대중에 의해서도 준수될 수 있을지 모른다. 그럼에도 이러한 윤리는 주목되지 않고 통제되지 않은 일상사에서 지속적 요구로서는 아마도 도에 지나칠 것이다.

그러므로 이기주의에 의해 이끌린 평균인의 행위는 될 수 있는 대로 공동선과 일치하도록 힘쓰는 일이 더 긴급하고 중요하게 보인다. 이와 같은 조화는 어떠한 경우에도 저절로 보장되어 있는 것은 아니다. 도덕도 이러한 조화를 보증하기에는 충분하지 않다. 그러므로 상응하는 처벌의 위협을 지닌 강제적인 법적 규범은 절대로 무시되지 않아야 할 것이다.

2. 배금 사상과 상업화

화폐제도는 사람들을 더 현저하게 화폐의 범주에서 생각하도록 하고 모든 가치를 화폐가치로 환원하여 경제 외적인 가치를 소홀히 하거나 과소평가하도록 한다고 자주 추측된다.

이에 더 하여 생계 경제는 모든 경험을 미루어 볼 때 자연적 교환(이를테면 금전의 낭비가 없는)과 동일시되며 또한 확신할 만한 이론적 숙고를 근거로 할 때 빈곤 사회의 상태와 동일시된다는 것이 먼저 지적되어야 한다. 특별한 교환수단의 도움으로 간접적 교환을 도입하는 데에 성공할 경우에만 생산성 증대를 위한 보다 큰 기회도 열린다. 그러므로 화폐는 그 고유한 성질에 있어서 교환과 지불의 수단으로서, 가치규준과 가치보존의 수단으로서 하나의 "사회적 발명품"이며 그 영향은 과대평가되지 않아야 한다.

그렇다면 다음과 같은 사실이 강조되어야 한다. 근원적 빈곤을 충분히 성과 있게 극복하는 일은 현세와 기술의 문제에 한층 더 눈을 돌림이 없이, 학문과 합리적 사고의 발전 없이, 에너지를 생산성 증대와 경제에 집중함이 없이, 부기와 비용의 계산 없이, 노동의 분업, 전문화와 재화의 교환 없이는 거의 불가능했을 것이다. 사회적으로 요약하면 그 행위규범을 지닌 실적사회는 우리가 안락함, 자유, 보장에 있어서 그렇게 높은 이익을 증대하는 복지와 연결하여 회수할 수 있기 위한 필수적 전제를 마련했다고 말할 수 있을 것이다. 다시 달리 표현하면 다음과 같다. 증가한 화폐 중심의 사유, 심지어 일종의 생활의 경제화는 추측하건대 모든 장점을 지닌 현재의 공급 상태에 도달하기 위하여 우리가 역사적 관찰 방식에서 지불해야 했던 대가였다.

이러한 발전이 도를 넘는 동기를 부여한다는 것, 즉 예를 들면 소비사회의 나선형적인 욕구가 실적사회를 통하여 고삐가 풀린 이익 충동과 연결되어 이타주의의 여지를 별로 남겨두지 않는 화폐 중심의 사유를 결과로 낳게 한다는 것은 명백하다. 그럼에도 이러한 종류의 물질주의를 인과적으로 복지의 수준과 관련시켜, 재화의 공급이 더욱 풍부하게 될수록 생활의 경제화가 그만큼 더 뚜렷하게 드러난다고 주장하는 것은 전혀 맞지 않는 것으로 보인다. 그런 관련성은 오히려, 복지 증가의 과정이, 시장가치들과 경제적 성공, 소비, 수입, 향상이 지배하는 반면, 다른 가치들 – 관념론과 이타주의를 포함하는 – 은 거의 어쩔 수 없이 실패하는 그런 정신의 태도를 전제로 하는 그것과 마찬가지의 것이다.

실제로 산업주의가 활짝 꽃피는 것은 자기 책임성과 자신에 대한 미래를 무엇보다도 강조하고 지원조치, 인간관계에서의 무관심, 축재의 욕구, 권력 추구에 대한 거부를 강조하는 것과 관련이 있다. 그럼에도 초기 산업혁명의 이러한 특징들은 이미 현저하게 효력과 영향력을 잃게 되었다. 그 이유는 특히 사람들이 이미 상당한 정도로 수입의 위임과 함께 복지국가의 조치를 취하고 (상응하는 분배와 함께) 누진세를 올리고, 집단적으로 배려하고 권력 집중에 맞서 투쟁하며, 비용이 든다 할지라도 기업 환경을 개선하고 환경보호 정책을 실시할 수 있기 때문이다.

Ⅳ. 화해의 시도

1. 경제주의에 대한 억제

상기의 언급에서, 배금 사상이라는 의미에서 물질주의가 모든 현실을 위한 복지가 실현되면 될수록 그만큼 후퇴하는 다소간에 과도기적인 현상이라는 결론을 이끌어낼 수 있는가? 이러한 추측은 실제로 일리가 있다. 다시 말하면 사람들이 그러한 상태에 이미 친숙하게 되는 즉시 일정 정도까지는 자극을 잃게 마련이다. 보장된 복지 안에서 성장한 60년대 청년들의 반대는 이에 대한 명백한 징후를 이루어 냈다. 그들에게 돈을 번다는 것은 결코 문제가 되지 않았고 그 때문에 계속하여 관심을 잃었다. 수업이든 소비를 위한 과잉지출이든 그들에게는 사회적 신분에 대한 인정된 표징은 아니었다. 따라서 '돈에 대한 탐욕'은 그들에게 더 이상 보람이 되는 것이 아니었다. 신흥부자에서 옛날의 부자가 되어 버린 것이다.

그와 같은 정신상태가 만연하면 물질적인 요구의 수준은 지속적으로 증대할 필요가 없게 되어, 우리는 어떤 의미에서 중세로 되돌아갔다고 말할 수 있을 것이다. 중세에는 마찬가지로 일상적인 소비수준이 현실로서, 그리고 표상하는 목표로서 지배하였다. 물론 이 경우에 소비금욕에 대하여 말하는 것은 마땅치 않은 것이다. 왜냐하면 소비자들은 자신들이 희생이나 포기를 했다는 인상을 전혀 갖지 않았을 것이기 때문이다. 영양의 과다함을 없애는 것은 오직 그들에게 이익이 되었을 것이다. 운동부족을 극복하려는 것은 단지 더욱 향상된 생활감정에서만 효과를 내었다.

사람들이 실제로 자신들의 요구수준을 더 이상 계속하여 최고도로 올리도록 하지 않았다면, 이것이 명백하게 자신들의 주관적인 건강에 극히 긍정적인 반작용을 갖는다면, 이제 다시 요구수준과 효과적인 공급의 수준이 일치할 수 있게 될 것이고, 아마 심지어는 요구의 수준이 공급의 수준보다 더 낮게 될 수 있을 것이다. 이 경우에 양자 사이에는 똑같이 '부정적 거리'가 생길 것이고, 이는 명백히 물질적 실존 조건을 갖춘 최고의 만족 상태와 동일할 것이다.

이와 일치하여 속물들은 이러한 질서에서 더 이상 자신들의 유행의 지배나 터무니없는 소비의 사치를 통하여가 아니라 예를 들면 생활의 예술과 일반교양을 통하여, 문화적 및 학문적 실적을 통하여, 특별한 취미나 공동선을 위한 헌신을 통하여 남과 대조를 이루려 할 것이다. 원형은 바뀔 것이지만 원형의 영향은 계속 남아 있을 것이다. 마찬가지로 모방도 자연스럽게 지속될 것이다. 이제 아마 될 수 있는 대로 많이 심리학이나 세계정치에 관하여 이해하는 것만이 유행으로 간주될 것이다. 오래 가던 이전의 소비재의 자리에 정보재, 교육재, 여가재와 오락재가 들어섰을 것이고 이것들을 소유하는 것이 신분상징의 성격을 띠게 되었다. 남보다 우월한 지식, 앞선 정보, 박식과 넓은 관심이 사회적으로 평가받고 소원하는 타인의 존경을 받는 것들이 될 것이다.

요약 서술된 태도의 변화에서 유토피아가 중시된다는 반론을 제기하는 사람들은 어느 정도 정당할지도 모른다. 그럼에도 불구하고 발전이 한계가 뚜렷한 방향에서 진행하고 있다는 아주 실제적인 표징도 있다. 예를 들면 인간들은 왜 노동력인 자신들의 기능에 있어서 실적 사회의 시대와 마찬가지로 힘겹게 오랫동안 노동을 해야 하는가? 재화의 공급이 증가할 경우에는 불가피하게 부가적인 수입단위 혹은 재화단위가 (감소하는) 한계효용, 즉 여가시기에 목표를 이룰 수 있는 한계효용과 취업 및 노동의 부수적인 불편한 일 사이의 불균형이 형성된다. 그러므로 더 많은 여가가 요구되는 동시에 관철된다. 이러한 일이 생기기는 한다. 그 이유는 알게 된 실적의 지식이 효력을 상실하고 이미 충분한 재화공급에 직면하여 실적의 압력이 감소되기 때문이다. 더 나아가 노동현장의 사람들은 결과적으로 노동 경감을 가져오는 요구를 제기하고 노동이 더 쾌적하고 흥미롭게 이루어지는 것이 불가피하게 된 것이다.

실제로 왜 사람들은 또한 근로자로서의 자신들의 기능에 있어서 목표가 달성된 진보에서 이익을 얻지 않아야 하는가? 왜 이익이 일방적으로 소비자들에게 주어져야 하는가? 인간이란 상이한 전문분야나 기능들의 분류가 단지 사유상의 보조수단일 뿐임을 나타내는 전체성이 아닌가? 그런데 그 이상은 아닌가? 소비를 통하여 얻는 행복이 공허한 것으로 밝혀진다면 그것은 더욱 더 보충되어야 하며, 부분적으로는 아마 심지어 활동에서 생기는 생산적 행복을 통하여 대치되어야 할 것이다. 그래서 노동이 늘 번거로움과 연결되어 있음직한 것은 전혀 아니다. 반대로 노동은 그 자체 안에 만족도 지닐 수 있다. 바로 여기에서 이제 다시 경제에 본질적인 과제가 부여된다. 그러므로 추구되어야 할 바는 노동의 방식인데, 이는 노동의 참여자들이 전체의 복지를 위하여 질이 좋고 중요한 기여를 한다는 인상을 마련한다.

2. 수확체감의 법칙

우리는 사람들을 행복하게 만들기 위하여 그들에게 늘 더 풍부한 재화를 공급할 필요가 있다는 암묵적인 확신을 통해, 이제까지의 경제활동은 경제정책과 마찬가지로 특징지어졌다. 경쟁은 좋은 것이며 그것으로부터 늘 더 많은 것을 얻는 것은 더 좋을 것이다. 우리는 사회정책과 더불어 전적으로 충분하게 더 나아갈 수 없을 것이다. 실제로 모든 일에 있어서는 최적의 지점이 있고 그것을 초과하는 것은 잘못하는 일이라는 것이 명백하게 되었다.

소비사회에서 이차적 및 상대적 빈곤, 사치에 빠짐과 유약함, 만족과 지나친 만족, 약물복용과 문명의 질환, 또한 생활의 낭비와 정서적 영양 불량에 이르게 된 것은 이제 충분히 분명하게 되어 버렸다. 실적사회가 아버지 없는 사회와 지도력에서의 남용에 동기를 부여하는 것은 경제적인 것의 의심할 나위없는 절대화와 마찬가지로 논쟁의 여지가 거의 없다. 이에 관해서는 예컨대 경영인, 즉 경제적으로 유능한 자에 대한 예찬, 동시에 지혜로운 자에 대한 인색한 평가, 사치스러운 소비, 수입이나 위계적 지위를 통하여 두각을 나타내는 자만이 감탄을 자아내게 하는 편파적인 부의 질서가 증명한다. 예술적인 것의 경멸, 도덕적 양심이 구속력을 많이 상실한 반면, 결정적인 영향력을 갖게 되는 계량적 태도, 인간적 자비를 고려하지 않는 '효용'의 찬미 등도 이를 증명한다.

그러나 이러한 방종은 이제 벌써 그리고 저절로 어느 정도 교정되는 것처럼 보인다. 그래서 실적의 억압에 반대하여 더 많은 저항이 이루어지고 직무의 엘리트에 속하는 이들에게 승진하려는 노력이 더 이상 심하게 경주되지 않는다. 노동세계의 인간화는 기업에서 함께 일하는 사람들이 더욱 강하게 인간과 전체로서 존중되고 더 이상 단지 기능적 인간(homo functionalis)으로서 ‘투입’되지 않는 단서가 된다. 시장경제의 성과의 결과가 되는 불평등한 수입 및 재산의 분배는 도처에서 이미 경각심을 갖게 하는 정도로 시정된다.

유혹하는 광고의 힘에 대하여 관심을 갖는 이들의 면역이 증가하는 것처럼 보인다. ‘소비주의’ 표어 아래 이제까지 다소간 무방비 상태에 있던 소비자들도 조직을 이루게 되어 사람들은 더 이상 이전과 똑같은 정도로 세력의 불균형에 관하여 언급할 수 없다. 잠자는 거인이 깨어난다. 그의 이익 관심도 국가가 세력 경쟁, 카르텔과 시장에서 강한 기업에 맞서, 그리고 이러한 기업의 입지를 운용하는 것에 맞서 출정하는 한, 더 유리하게 보존된다.

기술적 진보와 관련해서는 ‘기술평가’(technology assessment)라는 아이디어가 만연한다. 이 아이디어는, 쇄신이 단순히 사적인 경제로서 이익이 있다고 증명되는 한에서 허용되어야 할 뿐만 아니라 또한 그 결과가 예컨대 생태학적 고려에서 검토되어야 할 것임을 뜻한다. 이 안에서 표현되는 사상은 물론 더욱 강력하게 일반화할 가치가 있다. 그 이유는 단지 식물과 동물세계의 유지를 위해 배려하거나 아동들의 기형을 피하는 것만이 중요한 것은 아니기 때문이다. 이것 이상으로 사회와 문화를 위한 개연성 있는 결과에 대한 조사도 요구될 것이고, 더 정확히 말하면 단기적 및 장기적인 고찰 방식에서 요구될 것이다.

3. 새로운 윤리학으로서의 학문성?

이런 관련에서 예컨대 다음과 같은 질문이 제기된다. 우리가 작은 공간의 농업경제에서 산업사회와 세계경제로 넘어가 있다면, 소기업의 자본주의가 연합경제와 기업집중을 통하여 해체되었고 그 안에서 전통적 윤리학이 성립한 그러한 상태들에 대하여 그 이상의 기본적인 변경이 생겼다면, 그 안에서 현대인들이 살고 있는 변경된 조건들을 참작하는 새로운 윤리학을 발전시키는 것이 긴급히 필요하게 되었다. 관습적인 도덕이 더욱 더 해체되고 금기가 차례차례 효력을 잃은 뒤에 이러한 원칙들을 다 만들어 내는 것이 학문의 일이 아닌가? 학문이 자체의 권위를 보존할 수 있었는가? 학자들 스스로가 특정한 계명들을 절대적으로 확신할 만한 것으로서 간주할 준비가 되어 있는가? 우리는 학자들의 세계에서 지배하는 도덕의 엄격함을 다른 집단들에도 전용할 수 있지 않을까?

모든 학설의 연구자들 중에 어떤 원리들은 보편적인 효력을 누린다는 것, 그것을 위반하는 자는 사기꾼으로서 불신 당한다는 것은 틀림없는 사실이다. 그 밖에 우선 진리의 여신을 섬기고 이 여신과 다른 신들을 숭배하지 않을 의무가 중요하다. 예컨대 미리 받아들인 가정을 입증하는 결과를 얻기 위하여 어떤 실험에서 속이다가 즉시 체포된 자는 최고로 비난받을 만한 자로서 간주된다.

그럼에도 아무것도 진리로서 타당하지 않아야 하는 바로 그런 경우에도 호기심에 어떤 한계가 설정되어 있는 것은 아니다. 그래서 억제할 수 없는 연구자의 충동은, 그것과 함께 상상할 수 없는 에너지가 방출될 수 있을 것을 충분히 의식하면서 원자 분열에 관심을 둔다. 이 에너지가 방사능과 함께 수십만의 인명을 빼앗고 생존자를 수십 년간 불구자로 만들었으며 거의 헤아릴 수 없을 만큼 여러 세대에 걸쳐 유전질에 손상을 끼친 다음에야 비로소 적지 않은 물리학자들이 철학자가 되었는데, 그들은 자신들의 책임에 대하여 묻기 시작했고 임의의 연구의 자유를 중대한 문제로서 인식하기 시작하였다. 그들은 단지 학문성을 넘어서 있고 지식의 확대에 대한 노력을 넘어서 있는 원리적으로 중대한 책임이 있다는 것을 파악하였다.

더욱이 무엇보다도 학문의 몇 가지 특징이 새로운 윤리학을 위한 초석으로서 유용할지 검토되어야 한다. 여기에서 우선 과학자들이 얼마나 국제적이고 초국가적인가 하는 것이 주의를 끌게 된다. 실제로 그들의 연구에는 국가의 경계가 없다. 새로운 통찰이 러시아에서 혹은 일본에서 유래하는지 어떤지 하는 것은 연구의 참여자들에게는 다소 상관없는 것이며 결정적인 것은 오직 그러한 통찰이 성취되는 것뿐이다.

그와 함께 단지 과학자들에게만 확장될 필요가 없는 '하나의 세계 공동체'를 위한 단초들이 발견된 것은 아닌가? 우리는 어떤 의미에서 모든 지식인에게 늘 통일된 언어만 있었던 중세로 다시 돌아간 것은 아닌가? 더 많은 사람들이 늘 학자들의 이러한 태도를 자기 것으로 만들게 된다면 민족주의와 국수주의의 해독이 점차로 제거될 수 있지 않을까?

그럼에도 바벨탑의 건설 이후의 언어 혼란이 다시 후퇴하게 되어 모든 민족이 평화롭게 '인식의 나무' 아래 함께 모인다는 그런 비유는 현실에 온전히 상응하기 위해서는 너무나 아름답다. 기초연구 이외에 물론 위임한 사람들이 아주 특정한 목표를 설정하는 목적 지향적인 연구가 있다. 이러한 종류의 위임자는 화학적-생물학적 전쟁 수행에서 최상위에 머물거나 타국의 로켓 탄두를 제때에 포착하는 것을 중시하는 국방부일 수 있다. 여기에서는 물론 출판과 경험의 교환에 관한 어떤 언급도 더 이상 없지만 여전히 과학적으로 숙련된 두뇌들을 통한 과학적 방법의 응용에 관한 언급은 있다.

물론 목적 지향적인 연구와 기초연구에 있어서 동일하게 엄격한 연구태도의 규범이 유효하다는 점에 주목해야 한다. 이러한 관점에서 과학은 실제로 아직 한 영역을 구체화하는데, 이 영역에서는 훈육과 규율이 지배하고 그런 한에서 사회생활의 다른 범위를 위한 모범일 수 있다. 이에 따라 확실한 인식이 다른 인식과 더 적절한 인식을 통하여 추월되지 않는 한 모든 이는 그것을 인정해야 한다. 객관성에 대한 의무, 즉 연구자 개인과 관계하는 모든 것을 배제할 의무가 중요하다. 검증될 수 없거나 반증될 수 있는 진술들은 구속력이 없는 사변으로서 폐기된다.

이 경우에 진정한 과학자들이라면 극도로 조심하고 중용을 지킨다. 과학자들은 획득한 인식의 입장이 늘 잠정적일 뿐이라는 것, 심지어는 확고한 것으로서 간주되던 지식마저도 아마 내일 포기되어야 함을 정확히 알고 있다. 그런 한에서 그들은 잠정적이지만 늘 계속하여 성장하는 성과에 봉사하는 이들이다. 실제적으로 큰 성과를 얻은 '대표적인 사람들'만이 과학사의 조상의 초상 진열실에 받아들여진다. 이와 반대로 '보잘것없는 연구자들'은 잊혀진다.

그런데 이제 모든 이러한 독특함이 연구자 서클의 밖에서 인정받고 있다고 해도, 예컨대 의욕이 넘치는 호기심을 억누르고 자발적인 억제에 대한 호소에 충분히 반향을 보장할 수 있을 새로운 윤리학이 그로써 아직은 마련된 것이 아니다. 오히려 그 반대의 것이 들어맞는다. 인식하려는 의지의 과도함도 과학적인 정신적 태도의 표징이다. 그러므로 우리는 아직도 개별적 연구자의 거대 윤리적 책임에 아주 강력히 호소할 수 있을지 모른다. 개별 연구자에게 이에 대한 감각이 미숙하거나 온전히 결여되어 있는 경우에는 이러한 외침은 소 귀에 경 읽기인 셈이다.

참고문헌(Literatur)

H. Boeck, Zur marxistischen Ethik und Moral (Berlin 1959)

A. Bohnen, Die utilitaristische Ethik als Grundlage der modernen Wohlfahrtsökonomik (Göttingen 1964)

G. Briefs, Grundsätzliches zur Frage Christentum und Sozialismus, in: Soziale Revue, Glaube und Arbeit, 20 (München 1920)

E. Brunner, Das Gebot und die Ordnungen. Entwurf einer protestantisch-theologischen Ethik (Zürich 1939)

E. Brunner, Gerechtigkeit. Eine Lehre von den Grundgesetzen der Gesellschaftsordnung (Zürich 1943)

A. Buchholz, Die große Transformation-gesellschaftliche Zukunftserwartungen und naturwissenschaftlich-technischer Fortschritt (Reinbek 1970)

W. Dettling (Hg.), Macht der Verbände-Ohnmacht der Demokratie? (München-Wien 1976)

K. A. Duwe, Der Leistungslohn und die Frage der Lohngerechtigkeit (Köln 1960)

U. Gaertner / P. Luder, Ziele und Wege einer Demokratisierung der Wirtschaft(Diessenhofen 1979)

V. Gaurouski, Die Wirtschaft soll dem Wohlstand dienen. Gedanken über Marktwirtschaft nach menschlichem Maß (Schaffhausen 1965)

V. Gruen, Ist Fortschritt ein Verbrechen? (Wien 1975)

F. A. Hayek, Gleichheit, Wert und Verdienst, in: **Ordo**. Jahrbuch für die Ordnung von Wirtschaft und Gesellschaft X (Godesberg 1958)

H. Hoefnagels, Die neue Solidarität (München 1979)

I. Illich, Selbstbegrenzung. Eine politische Kritik der Technik (Hamburg 1975)

W. A. Jöhr, Der Kompromiß als Problem der Gesellschafts-, Wirtschafts- und Staatsethik (Tübingen 1958)

E. Küng, Humanisierung der Wirtschaft, in: Zukunftsaufgaben in Wirtschaft und Gesellschaft. Festschrift zur Einweihung der neuen Gebäude der Hochschule St.Gallen für Wirtschafts- und Sozialwissenschaften (Zürich-St.Gallen 1963)

E. Küng, Wirtschaft und Gerechtigkeit. Sozialethische Probleme im Lichte der

Volkswirtschaftslehre (Tübingen 1967)

E. Küng, Wohlstand und Wohlfahrt. Von der Konsumgesellschaft zur Kulturgesellschaft (Tübingen 1972)

E. Küng, Ende der Wohlstandsgesellschaft? (Zürich 1974)

E. Küng, Steuerung und Bremsung des technischen Fortschritts (Tübingen 1976)

E. Küng, Weltwirtschaftspolitik (Tübingen 1977)

E. Küng, Wege und Irrwege in die Zukunft (Stuttgart 1979)

M. R. Lehmann, Gerechtigkeit im Wirtschaftsleben (Nürnberg 1955)

A. Mahr, Wirtschaftliches und ethisches Verhalten, in: **Höffner / Verdross / Vito** (Hg.), Naturordnung in Gesellschaft, Staat, Wirtschaft (Innsbruck-Wien-München 1961)

W. Michalski (Hg.), Industriegesellschaft im Wandel. Probleme, Lösungsmöglichkeiten, Perspektiven (Hamburg 1977)

W. Mitscherlich, Über die Idee als gestaltende Kraft des Gemeinschaftslebens, in:Schmollers Jahrbuch für Gesetzgebung, Verwaltung und Volkswirtschft im deutschen Reich, 72 (Berlin 1952)

A. Müller-Armack, Wirtschaftsethik in der sozialen Marktwirtschaft, in: Der Christ und die soziale Marktwirtschaft (1955)

O. von Nell-Breuning, Kapitalismus- kritisch betrachtet. Zur Auseindersetzung um das bessere "System" (Freiburg i.Br. 1974)

A. Paulsen, Soziale Gerechtigkeit als Wertnorm der Wirtschaftsordnung (München 1948)

Th. Pütz, Die gerechte Einkommensverteilung als Problem der theoretischen Wirtschaftspolitik, in: **Höffner / Verdross / Vito** (Hg.), Naturordnung in Gesellschaft, Staat, Wirtschaft (Innsbruck-Wien-München 1961)

W. Röpke, Civitas Humana. Grundfragen der Gesellschafts-und Wirtschaftsreform (Erlenbach 1946)

B. Russell, Human Society in Ethics and Politics (Londen 1954)

K. Steinbuch, Mensch, Technik, Zukunft (Stuttgart 1971)

W. Weber, Wirtschaftsethik am Vorabend des Liberalismus (Münster 1959)

W. Weddigen, Wirtschaftsethik. System humanitärer Wirtschaftsmoral (Berlin 1951)

W. Weddigen, Die Gegenseitigkeitsvoraussetzung in der Wirtschaftsethik, in: Zeitschrift für die gesamte Staatswissenschaft, Bd. 118 (Tübingen 1962)

J. Werner, Wohlstand, Freiheit und Gerechtigkeit. Ihre Verwirklichung als Problem der Wirtschaftspolitik (Zürich-St.Gallen 1951)

W. Wittmann, Der unbewältigte Wohlstand. Die Zukunft von Wirtschaft, Staat und Gesellschaft (Münch,knen 1972)

역자 후기

이 책은 역자가 30년 전에 눈길이 닿아 구입하였고 은퇴 기간 중에 틈틈이 번역했다. 집필자 중 한 분인 케르버 교수는 독일 뮌헨 예수회 철학대학의 사회과학과 윤리학 담당교수로서 역자의 석사논문을 지도한 은사이다. 특별히 관심을 갖고 이분의 글을 읽게 된 것이 번역의 주된 동기가 되었다. 번역 중에 이제는 고인이 된 케르버 교수의 모습과 그분과의 소중한 만남을 추억하게 된 순간 순간들은 참으로 은혜로운 시간이었다. 베스터만은 하이델베르크 대학 구약학 교수였고, 슈페얼라인 박사는 신학을 전공한 분으로 독일 프라이부르크 소재 헤르더 출판사에서 출판을 담당한 분이다. 다이슬러 교수는 프라이부르크 대학의 구약학 교수였고, 피들러 박사는 뢰어라흐 대학의 철학적 신학과 교리 교수법 담당교수였으며, 큉 교수는 스위스 성 갈렌 대학의 경제학 교수였다.

책을 내면서 이 번역을 독자들이 얼마나 이해할 수 있을까 하는 염려와 부끄러움이 역자의 머릿속을 떠나지 않는다. 독자들의 너그러운 이해를 바라면서 비평을 받아들일 준비는 하고 있다.

이 책이 다루는 정의, 가난과 부유, 경제와 도덕에 관한 내용과 논의는 현재에도 유효하며, 한국의 그리스도인들에게도 시사하는 바가 크다. 이들 문제에 관한 끊임없는 숙고와 논의는 개별 그리스도인들의 몫이면서 동시에 교회의 몫이기도 하다.

원고를 타이핑하고 도움말을 준 아내 세실리아, 아들 프란치스코와 며느리 정 프란치스카, 그리고 꼼꼼하게 교정일을 맡은 제자 이정기 동문에게 고마움을 표하고 싶다. 또 번역을 지원하신 「가톨릭대학교 강 엘리사벳 학술연구기금」 관계자 여러분과 출판을 허락하신 서강대학교 출판부장 우찬제 교수께도 깊은 감사를 드린다.

찾아보기